AF462014

LETTRES D'UN VOYAGEUR.

PREMIÈRE PARTIE.

LETTRES
D'UN
VOYAGEUR.

Les voyages sont bons, non pour rapporter seulement combien de pas à Sancta-Rotonda, ou la richesse des caleçons de la signora Livia, mais pour frotter et limer notre cervelle contre celle d'autrui.

Montaigne.

PREMIÈRE PARTIE.

A AMSTERDAM,

Et se trouve à PARIS,

Chez DE BURE l'aîné, Libraire de la Bibliotheque du Roi et de l'Académie Royale des Inscriptions et Belles-Lettres, hôtel Ferrand, rue Serpente, N°. 6.

1788.

BIBLIOTHÈQUE ROYALE

PRÉFACE.

Les succès d'un petit nombre de voyageurs ont, depuis quelque tems, mis les voyages très à la mode. Il seroit peut-être à craindre que l'usage ne dégénérât en abus, si cette espèce d'abus pouvoit être un mal, et s'il devoit en résulter des inconvéniens qui balançassent ses avantages. Quoi qu'il en soit, en suivant un exemple, tout au plus indifférent, je me propose d'en donner un plus estimable, celui de ne dire que la vérité. Il me semble cependant que cette branche de la littérature, seroit, comme toutes les autres, susceptible de quelques règles invariables, qui fixeroient son rang littéraire. Le Télémaque et l'Odyssée ne sont, à proprement parler, que des relations de voyages, dans lesquelles Homère et Fenelon ont cru pouvoir réunir les graces du coloris poëtique, aux leçons d'une morale universelle. Ils ont fait, du récit des voyages d'un homme, et l'histoire du cœur humain, et celle des usages et des mœurs du siècle dans lequel ils l'ont placé.

Sans prétendre s'élever à leur hauteur, l'homme philosophe, que la fortune, ou son inquiétude naturelle, auront forcé à errer par le monde, ne pourroit-il pas, dans le simple exposé des événemens de sa vie, donner à ses contemporains des leçons, d'autant plus utiles, que, sans leur offrir des tableaux exagérés, il sera cependant sûr de les intéresser, en fixant leur attention sur une suite de faits et d'incidens, tels que les offre le cours, même ordinaire, d'une vie très-active, quoique Séneque prétende, *qu'une vie passée en voyages procure beaucoup d'hôtes, et pas un ami* (1); quoique Fontenelle ait dit, que *les philosophes ne courent guère le monde, et que ceux qui le courent ne sont ordinairement guère philosophes*? Sans m'attacher à prouver ni la fausseté de ces assertions, ni tout ce que la Grèce et Rome ont pu devoir à l'expérience des législateurs ambulans, et des voyageurs philosophes, je demande si Montesquieu, qui n'osa mettre la main à l'esprit des loix, qu'après avoir parcouru la France, l'Allemagne, la Suisse, l'Italie, la Hollande et l'Angleterre, n'étoit pas philosophe aussi,

(1) Lettre à Lucilius.

et si le casanier paisible, circonscrit dans la sphère de ses préjugés et de son inexpérience, ne peut pas recevoir des leçons utiles de celui qui aura beaucoup vu? Ne tirât-il des récits du voyageur que l'unique avantage de mieux connoître le prix du repos dont il jouit, il aura déjà beaucoup appris. Mais, pour s'assurer des succès dans ce genre, il me semble qu'il faudroit réunir quatre choses : vérité, imagination, sensibilité, et philosophie.

Nous avons beau faire des romans, dès que ce ne sont que des romans, ils perdent tout le charme que la *vérité* seule peut prêter à l'intérêt, et, par-là même, ils ne sauroient jamais atteindre au but que doit se proposer tout auteur raisonnable, celui d'instruire en amusant. Je n'ai jamais achevé la lecture d'un roman, quelque bon qu'il fût, sans éprouver un sentiment pénible en pensant que je n'avois lu qu'une fiction. Sans doute on lit toujours avec plaisir un ouvrage de ce genre, quand il est bien fait; mais on lit avec plus de plaisir encore un voyage de *Coxe* ou de *Pagès*, parce que l'on retrouve dans le ton de *vérité* qui distingue ces deux voyageurs, ce naturel, d'autant plus précieux, qu'il devient chaque jour plus rare.

L'*imagination*, contenue dans les bornes de la *vérité*, ne pouvant naître que d'un grand fond de *sensibilité*, embellit le récit de toutes les graces que peut lui prêter la nature. En peignant des objets animés, elle leur prête ce coloris de chaleur et de vie, qui seul peut nous attacher aux objets avec lesquels nous correspondons par le sentiment de notre existence. On ne distingue pas assez, ce me semble, l'imagination qui prend sa source dans le cœur, de ce que l'on nomme l'imagination ou l'ivresse poëtique. L'une ne crée que des phantômes, c'est le délire de l'esprit; tandis que l'autre, en s'attachant aux objets créés, loin de les métamorphoser en chimères, tire ses jouissances de leur analogie intime avec la voix secrète qui nous rappelle sans cesse à la nature. Ainsi, le malheureux, échappé aux horreurs des cachots, et débarrassé de leurs ombres terribles, sentira couler ses larmes en pénétrant, pour la première fois, sous un sombre et mélancolique ombrage. A quoi peut-il devoir le sentiment de son bonheur actuel, à la *sensibilité* de son ame, à l'activité de son *imagination*, à la réunion de ces deux puissances créatrices qui, en rapprochant pour lui deux objets séparés, charge l'un des plus tristes couleurs, tandis qu'elle prête à l'autre des charmes qui n'existeroient pas pour un cœur paisible et pour un esprit froid; et de l'effet de ce contraste, naît le bonheur de l'homme aimant.

La *philosophie*, cette douce lumière dont les purs rayons ne nous éclairent sur nos jouissances et nos chagrins, que pour augmenter le charme des unes, et tempérer l'amertume des autres, la véritable et consolante *philosophie*, loin de nuire à la *vérité*, dont elle est la fille, loin d'éteindre l'*imagination* et la *sensibilité*, ajoute à l'expression du sentiment, aux graces de l'*ima-*

gination, aux simples ornemens de la *vérité*, les charmes solides d'une raison éclairée.

C'est donc dans leur accord mutuel, c'est dans leur parfaite harmonie, que nous devons chercher ce qui seul peut réunir les suffrages du cœur et de la raison. La *vérité* instruit, l'*imagination* plaît, la *sensibilité* émeut, et la *philosophie*, en nous apprenant à raisonner nos sensations, double à-la-fois nos biens et nos jouissances.

Je n'ai point l'orgueilleuse prétention d'avoir réuni tous ces avantages. On peut croire à cet aveu, qui vient, moins d'une fausse modestie, que d'une conviction certaine; car celui qui connoît toute l'étendue de ses devoirs, n'est pas toujours celui qui les remplit le mieux. En disant ce qu'il faudroit faire, je ne dis pas que je l'aie fait. Mon seul but, en publiant ces lettres, est de tenter un essai, qui, s'il me réussit, m'enhardira à donner un jour des observations plus utiles.

Dans la première partie, je parle d'un pays dont on a déjà beaucoup parlé, et sur lequel il ne me restoit rien de nouveau à dire. Dans la seconde, la description d'une île, presque inconnue, et d'un peuple presque sauvage, eût pu me fournir des réflexions plus neuves et plus piquantes, si j'y avois fait un plus long séjour. Dans des pays tels que la Grèce et l'Italie, tous les lieux que parcourt un voyageur, sont autant de monumens consacrés à l'immortalité. Là, un simple ruisseau, un rocher, une grotte, célèbres par les chants de la poésie, ou le souvenir de quelque événement mémorable, deviennent autant de reliques exposées à la vénération du philosophe. Ici, ce n'est point la même chose. Le tems, les lieux, les circonstances, tout m'a manqué. Quant aux détails qui me sont personnels, j'avoue que je ne puis les justifier qu'en disant, que, sans ces détails, je n'eusse point écrit du tout. Quant à la liberté avec laquelle je m'abandonne quelquefois à mes propres idées, je conçois fort bien que cela peut n'être pas absolument régulier. Mais quoi? faudra-t-il donc nous asservir toujours et en tout à une marche compassée et didactique? et, lorsque, dans un élan de l'esprit ou de l'ame, nous nous serons jettés hors de l'ornière creusée par nos prédécesseurs, ne nous sera-t-il pas permis de nous moquer du formaliste, en disant avec la Fontaine :

.... On ne s'attendoit guère
A voir Ulysse en cette affaire.

Quant à mon style, que veut-on que j'en dise ? Incorrect comme celui d'un étranger qui n'écrit point dans sa langue ; inégal comme celui d'un homme qui obéit aux impressions momentanées qu'il reçoit des objets, il est ce qu'il doit être, non pas pour être bon, mais pour se faire supporter par quiconque préfère le naturel à l'art ; et si j'écris sans prétention, quelle prétention la critique peut-elle avoir sur moi ?

LETTRES

LETTRES D'UN VOYAGEUR.

LETTRE I.

En mer, le 8 ſeptembre.

LA lettre que je vous écrivis au moment de mon départ, monsieur, doit vous avoir appris que nous mîmes à la voile le 3, à six heures du matin. Selon notre estime, nous sommes aujourd'hui à-peu-près à cent lieues du point de notre départ; et comme vous avez exigé des détails, vous saurez que le vent est nord-est, bon, frais, la mer fort belle, et que le commandant du convoi nous a fait, à dix heures, le signal de préparer les lettres pour la France, ce qui annonce qu'il compte doubler Finisterre demain. On rit, monsieur, lorsque l'on pense que nos bons aïeux regardoient ce cap comme le bout du monde; mais on pleure, quand l'on songe à ce qu'il en a coûté à l'humanité pour devenir plus savante. Reste à décider si nos prédécesseurs n'étoient pas plus heureux avec leur ignorance, que nous avec notre savoir.

Fidèle au plan sur lequel nous avons réglé notre correspondance, il faut cependant que vous me permettiez la forme du journal, jusqu'à ce que les événemens me fournissent assez de matières pour occuper une lettre. Cette forme a d'ailleurs quelque chose de si simple et de si commode pour un paresseux, que j'en prolongerai l'usage autant qu'il me sera possible.

Le 9.

A 9 heures nous courions ouest-sud-ouest avec un bon vent d'est, accompagné d'une brume épaisse, lorsque tout-à-coup cette brume, s'élevant par degrés, comme un immense rideau, nous découvrit une longue chaîne de hautes montagnes. Quoiqu'il y ait à peine six jours que nous avons quitté la terre, l'aspect à la fois pittoresque et majestueux de cette partie de la côte d'Espagne, cette terre, qui sembloit sortir pour nous des abymes du chaos, cette vue si douce et si imposante, éclairée par un soleil pur et brillant, nous pénétra tous d'un sentiment de joie et de bonheur.... O ! que l'homme, entraîné loin du toît paternel, rentre en lui-même, et cherche au fond de son cœur le principe du trouble délicieux qui l'agite, lorsque, après avoir long-tems erré dans l'univers, il revoit enfin l'heureux berceau de son enfance ! C'est alors qu'il sentira que la nature, qui fit tout pour ses ingrats enfans, en nous liant à la patrie par les chaînes de l'habitude, par les souvenirs toujours si chers du premier âge, semble avoir posé des bornes éternelles à l'insatiable ambition de bonheur qui nous dévore, sans jamais nous satisfaire. Envain la dure expérience nous le dit chaque jour ; envain la colombe voyageuse, déchirée et palpitante, vient tomber et se débattre à nos pieds ; son impression passagère est bientôt effacée par le mouvement rapide et tumultueux des phantômes que nos passions ne cessent de produire et d'agiter autour de nous.

Le 10.

Le calme qui survint hier au coucher du soleil, ayant ramené la brume nous a dérobé la vue des terres. Il paroît, au reste, que notre capitaine s'embarrasse fort peu de la conduite de son navire, et comme la négligence du chef entraîne nécessairement celle des subalternes, nous nous sommes trouvés à plus de deux lieues de la flotte, ce qui nous a tenus toute la nuit sur pied, dans la crainte d'être enlevés par quelque corsaire, avant même d'avoir pu crier, au voleur.

Le 11.

J'avois oublié de vous dire hier qu'il nous étoit mort un matelot que l'on a jetté à l'eau un quart-d'heure après. C'est ici, monsieur, c'est sur mer qu'il faut venir, pour apprendre jusqu'où l'homme est capable de pousser l'oubli de l'humanité, et la barbare indifférence avec laquelle on accuse les sauvages d'envisager la destruction de leur semblable. Non-seulement la mort ne cause ici aucune sensation, mais on semble encore y faire, au mourant, un crime des plaintes douloureuses que lui arrachent ses souffrances. On lui sait fort mauvais gré de ne pas se hâter de mourir ; et l'on m'a assuré que le voisin du malheureux qui expira hier, avoit eu la force effroyable de le frapper pour faire cesser ses gémissemens... Quelles mœurs ! Et quel tigre s'est jamais souillé d'une pareille atrocité !

Le 13.

Au moyen d'une brise assez ferme qui s'est levée dans le sud-ouest, la flotte s'est réunie, et nous faisons route, à l'ouest, serrant le vent au plus-près.

Vous voyez, monsieur, comment les hommes se nourrissent d'illusions. Je vous parle, sans que vous puissiez m'entendre ; je vous écris, sans savoir si vous me lirez jamais. Au moins ai-je une consolation, celle de penser que si le plaisir de m'occuper de vous fait mon bonheur, il ne vous est pas tout-à-fait indifférent. Illusion pour illusion, celle du sentiment n'en vaut-elle pas bien une autre ?

LETTRE II.

En mer, le 18 ſeptembre.

J'AI bien fait, monsieur, de nous féliciter, dans ma dernière lettre, sur le tems passable qui nous accompagnoit, je n'en eusse plus retrouvé l'occasion depuis. Le vent qui, le 13, s'étoit levé assez foible dans le sud, s'y établit en vrai tyran pendant la nuit, et souffla toute la journée du 14 avec tant de fureur, que, dès la pointe du jour nous fûmes obligés de *mettre à la cape*, manière d'être la plus désagréable qui existe. Tant que le vaisseau marche, il coupe la lame, et roule peu; mais dès qu'il est à la cape, le volume des voiles supprimées ne lui laissant plus de point d'appui supérieur, il devient le jouet des vagues qui le balotent dans tous les sens, et vous pouvez juger de ce que souffre alors un homme qui, peu fait à cette allure, joint à l'impossibilité physique de garder son équilibre, le malheur de ne point supporter la mer.

Vers cinq heures après midi, on apperçut tout-à-coup un navire assez fort qui portoit droit sur nous; soit qu'on l'eût vu trop tard, soit qu'il manœuvrât mal, je vis l'instant où nous allions nous heurter de front. Le capitaine en pâlit, et joignant la présence d'esprit au courage, fit précipiter le plus de monde qu'il pût sur le gaillard d'arrière, et péser fortement sur le soc d'artimont; cette manœuvre qui changeoit notre direction en nous faisant arriver au vent, nous sauva, dans le moment où les deux mats de beau-pré alloient s'engager. Le vaisseau étranger, qui avoit arboré pavillon portugais, passa bord-à-bord, et fila vent-arrière, chargé des bénédictions énergiques que l'on se donne dans ces sortes de cas. Nous lui criâmes qu'il étoit un étourdi, il nous répondit que nous étions des ignorans, et c'est ainsi que nous échapâmes à un des plus grands dangers de la mer.

La nuit du 14 au 15 fut affreuse, et la journée qui la suivit plus affreuse encore; des vagues entières couvroient le pont, et quoique toujours à la cape, le vent nous déchira deux voiles; cinq moutons, notre plus chère espérance, moururent ce jour-là de fatigue ou d'inanition, et, pour comble de disgrace, notre four écroulé nous réduisit au biscuit. Encore, monsieur, si nous trouvions dans la société de nos conducteurs quelques soulagemens à nos maux ; mais c'est un espoir auquel il faut renoncer, du moins jusqu'à ce qu'ils aient appris notre langue, ou nous la leur, car nous n'avons ici qu'un seul françois, qui, après avoir été mousse, puis tambour d'infanterie, puis comédien, est revenu à son premier état, et occupe à bord la place de premier lieutenant, dont il se tire comme il peut. C'est du reste un fort bon garçon, qui, quoiqu'il ait les yeux hors de la tête, et la mort sur les lévres, fidèle au caractère de son aimable nation, cause, rit, et chante tant que l'on veut.

Le 17, vers le jour, le tems se calma ; nous refîmes de la voile, portant le cap au nord-ouest : mais sans aucune connoissance de la flotte, à 9 heures on apperçut une voile. Le capitaine fit virer de bord, et nous courûmes dans le sud, mais si doucement, qu'en moins d'une demi-heure, l'étranger fut à la portée du canon. La supériorité de sa marche, son pavillon, dans lequel on distinguoit du rouge, des canons en batterie, tout nous faisoit appréhender que ce ne fût un corsaire anglois. Cependant notre incertitude ne fut pas longue, et nous le reconnûmes pour vénitien. On le hissa pour lui demander des nouvelles de la flotte ; il nous répondit qu'il l'avoit rencontrée pendant la nuit dans le nord-ouest : nous lui souhaitâmes un bon voyage, et à notre grand étonnement, le capitaine continua à porter dans le sud, répondant à nos justes observations, que le sud étoit sa route, et que les autres n'avoient qu'à le suivre.

Aujourd'hui quelques grains assez lourds, nous ont enfin ramené le beau tems, accompagné de brume, à travers de laquelle nous avons apperçu un vaisseau à trois mats, qui a disparu l'instant d'après. Nous avons continué notre route au sud-ouest, jusqu'à l'entrée de la nuit, que nous avons viré de bord pour courir dans l'ouest-nord-ouest.

Voilà de pauvres détails, monsieur, pour un homme curieux d'événemens, et qui s'attendoit à des observations intéressantes. Mais songez que je n'en suis encore qu'à mon début, et que, dans l'immense carrière où je me trouve engagé, j'aurai encore bien des déserts à traverser, avant de pouvoir reposer votre vue sur des objets dignes de la fixer. Armez-vous donc de patience, ainsi que moi, car je vous avoue que j'en ai besoin ici, où nous sommes, à tous égards, aussi mal qu'il est possible d'être. On peut, sans doute, reprocher au sibarite la recherche de ses jouissances, et l'espèce de fureur avec laquelle il se livre à la mollesse; mais il doit être permis à l'homme souffrant de toutes les privations, de soupirer après le mieux possible. La nature a besoin de secours, qui, en dissipant les langueurs de l'abattement, fortifient les ressorts de l'ame. Ainsi, lorsqu'*Epicure* dit que le bonheur suprême consiste dans le repos, *Epicure* dit une sotise, parce que le repos absolu ne sauroit être un bien pour quiconque ne l'a point acheté par des sacrifices; de-là cette loi universelle qui force l'homme à s'agiter pour trouver le bonheur. Gardez-vous donc, philosophes des salons, de nier l'influence du physique sur le moral. Que feriez-vous de votre esprit transcendant si, courbés sous le poid de la misère, exténués par les fatigues et la faim, il vous falloit employer toutes ses ressources, pour vous procurer les secours pressans que vous demande la nature? Avouez-le de bonne foi, le résultat de vos sublimes calculs se réduiroit à tendre la main, et à solliciter, dans le cœur de vos frères, ce sentiment de bienfaisance désintéressé, dont vous vous plaisez à nier l'existence, lorsqu'après vous être bien repus à la table du sot opulent, vous digérez avec son dîner, vos profondes réflexions sur l'amour-propre qui vous accueille, et l'égoisme qui vous nourrit.

Pardonnez, monsieur, ces réflexions misantropes à ma situation; et si quelque heureux hasard me procure l'occasion de vous faire passer ces deux lettres, que l'espoir d'en recevoir un jour de plus dignes d'être lues, vous les fasse lire avec indulgence.

LETTRE III.

En mer, le 20 ſeptembre.

RÉJOUISSEZ-VOUS, monsieur, ou pleurez ; je vous laisse le choix ; mais la fortune ne m'a peut-être que trop bien servi, et vous allez voir en moi un nouvel exemple de son instabilité. Je vous écrivois avant-hier du *Wagter*, navire hollandois ; je vous écris aujourd'hui de *la Résolution*, vaisseau de guerre anglois. Hier encore j'allois aux Indes, et aujourd'hui je vais en Angleterre. J'étois libre hier, aujourd'hui je suis prisonnier.

Nous avions couru toute la nuit du 18 au 19 dans l'ouest-nord-ouest, lorsque, vers cinq heures du matin, le capitaine fit virer de bord, et porter au sud-sud-ouest, le vent étoit bon, frais, le tems assez beau, quoique toujours brumeux, et la mer très-grosse. Vers sept heures on eut connoissance d'une voile, puis de deux, puis de trois, qui couroient ensemble dans l'ouest, et paroissoient avoir jetté des vues sur nous. Nous virâmes de bord, mais sans faire autant de voile que nous l'eussions pu, n'ayant pas même nos perroquets. Il nous restoit d'ailleurs la ressource d'un épais rideau de brume, derrière lequel nous eussions pu faire fausse route, mais nous étions trop braves gens pour songer à la fuite.

Bientôt une des trois voiles ayant devancé les autres, nous joignit d'assez près pour que nous pussions voir qu'elle étoit d'une force supérieure. Le capitaine, qui jusqu'alors avoit négligé tout moyen de défense, voulut faire charger ses canons, mais par malheur pour notre gloire, on ne trouva ni poudre ni boulets. Cependant les vaisseaux approchoient. Alors le capitaine fait brusquement virer de bord, porte sur l'ennemi le plus près, hisse son pavillon, et l'assure du seul coup de canon que nous eussions peut-être à tirer. En même-tems il revêt, avec son habit d'ordonnance, un air fier et martial, fait monter dans les hunes des gabiers armés de haches, et veut, dit-il, s'accrocher au premier vaisseau, et, comme un autre Samson, l'entraîner dans sa propre ruine. Je vous avoue, monsieur, que je ne vis jamais des préparatifs de mort plus ridicules. J'étois attentif à toute cette manœuvre, et j'observois du coin de l'œil le charlatanisme militaire du nouveau Mithridate, lorsque l'anglois, arborant son pavillon, nous certifia, par un coup de canon à boulet, que notre haute contenance ne lui en avoit point encore imposé. A ce premier signal d'hostilité, notre brave commandant fait apporter ses pistolets sur le gaillard, crie aux gabiers d'observer son signal, arrive vent-arrière sur l'ennemi, et termine, en amenant lui-même son pavillon, la comédie qu'il jouoit depuis deux heures.

Dès que nous fûmes rendus, le vaisseau anglois passa sous le vent, mit en panne, nous dit d'en faire autant, et un quart-d'heure après, nous reçumes la visite d'un officier qui nous dit poliment que le capitaine sir James Wallace nous invitoit de passer à son bord, en ajoutant qu'il nous étoit libre d'amener avec nous nos effets, afin de les soustraire au pillage. Il nous apprit ensuite que le vaisseau qui nous prenoit se nommoit *la Résolution* de 74 canons; qu'il revenoit de la Jamaïque accompagné de *l'Anson* de

64, du *Montaigut* de 74, d'une frégate, et d'un polacre de Marseille, pris à la hauteur du cap Saint-Vincent.

Permettez-moi, monsieur, d'observer en passant que *l'Anson*, commandé par un fils du lord R***, âgé de dix-huit ans, prouve qu'en Angleterre, comme ailleurs, les services importans entraînent quelquefois des récompenses qui pourroient devenir des abus. C'est ainsi qu'Auguste, jaloux d'anéantir chez les romains cette discipline sévère qui les rappeloit sans cesse à leurs antiques vertus, non content de prodiguer les honneurs du triomphe, donnoit aux enfans des sénateurs le commandement d'une aîle de l'armée, et leur permit de prendre la robe virile, et d'assister au sénat, revêtus de la laticlave, longtems avant l'âge prescrit par les loix (1).

(1) Voyez Suétone, vie d'Auguste.

La cérémonie de nous amariner se passa comme à l'ordinaire, avec beaucoup d'honnêteté de la part des anglois, et tout le désordre inséparable de ces sortes de circonstances, où chacun, tout à ses intérêts, s'occupe à y pourvoir; pendant que ceux qui n'ont rien à perdre, fomentent le trouble général, dans l'espoir d'y gagner quelque chose. Une seconde chaloupe étant survenue, elle transporta nos marins à *l'Anson*, tandis que la première nous conduisoit ici, où nous fûmes reçus avec une honnêteté franche qui ne s'est pas démentie depuis. Non-seulement nous y jouissons de la plus grande liberté, mais chacun s'empresse à nous faire oublier que nous y sommes étrangers et prisonniers. Je m'attendois à trouver de la générosité chez les anglois; mais je m'attendois à la trouver accompagnée de cette morgue froide et dédaigneuse qui tient beaucoup à l'ostentation, que bien des gens ont la bêtise de prendre pour de la dignité, comme si la véritable dignité de l'homme pouvoit jamais consister à mépriser les hommes !

LETTRE IV.

A bord de la Résolution, en mer,
le 26 septembre.

Dès le premier jour de notre établissement ici, monsieur, nous nous sommes trouvés dans la plus embarrassante des positions. La brume s'étant dissipée au coucher du soleil, nous nous trouvâmes entourés de plusieurs vaisseaux de guerre qui faisoient des signaux de nuit. Les deux plus forts paroissoient serrer de près *l'Anson* qui nous suivoit, et il y avoit tout lieu de croire qu'ils appartenoient ou à l'armée combinée, ou à notre escorte. La Résolution força de voile, sans laisser cependant de se préparer au combat. Mais, l'inaction des étrangers, jointe à la supériorité de notre marche, nous eurent bientôt donné assez d'avance, pour qu'au bout de deux heures nous nous trouvassions seuls, sans savoir ce qu'étoient devenus ni *l'Anson*, ni les prises.

Le 20, vers onze heures, on eut connoissance d'un bricq. A peine sir James avoit-il commencé à le chasser, que l'on découvrit sous le vent, et à la portée du canon, deux vaisseaux de la première force. Il n'y avoit pas à douter que ce ne fussent ceux de la veille, et par conséquent, nouveau préparatif de combat. Si vous voulez, monsieur, réfléchir à notre position, vous jugerez combien tout cela devoit nous amuser. Nous attendions à chaque instant à recevoir la bordée du vaisseau qui nous restoit à stribord ; mais, non-seulement il n'attaqua point, mais il ne força pas même de voile pour rester en mesure avec nous. Personne ne concevoit rien à une telle manœuvre. Sir James assuroit que ce n'étoient point des françois ; il le prouvoit par un raisonnement bien flatteur pour la nation, et ne voyoit à cette étrange énigme, d'autres explications que celle qu'il nous donna, que je crois juste, mais que je ne veux point écrire (1).

L'aisance dont nous jouissons ici, la consolation d'avoir dans notre infortune, trouvé des ennemis humains & généreux, tout contribue à nous re-

(1) Nous nous trompions, et nous avons su depuis, par *l'Anson* qui leur parla, que ces vaisseaux étoient ceux de l'escadre russe qui alloit croiser dans la Méditerannée.

donner des forces, de la santé, et ce petit grain de *joyeuseté*, comme dit Montaigne, si nécessaire au bonheur de la vie. Enfin, monsieur, nous rendrions graces au ciel d'être tombés en d'aussi bonnes mains, s'il n'étoit toujours douloureux de perdre en un moment le fruit de beaucoup de dépense, de soins, de travaux, et de voir s'évanouir, ou du moins s'éloigner considérablement, des espérances fondées sur le succès d'un voyage, aussi long que celui que nous avions entrepris. Au reste, notre tems se passe à boire, à manger, à jouer. La nappe paroît tous les jours avec l'aurore, et ne disparoît que bien avant dans la nuit. On déjeûne, on dîne, on goûte, on soupe, et, nonobstant ces quatre repas, il y a, de fondation, à table une demi-douzaine d'acteurs qui font circuler entr'eux des bouteilles de vin, de rhum, ou d'eau de genièvre. Quoique la gaieté angloise ne soit guère sujette aux explosions de la joie, elle ne laisse cependant pas d'être animée. Les anglois aiment à causer, à parler politique, amour et guerre; trois sujets très-propres, comme vous le savez, à porter de la chaleur dans la conversation. Quand on a bien parlé politique et guerre, on finit par boire à la santé des puissances belligérantes, et tout le tems que l'on parle amour, on ne cesse de boire à ces autres puissances, non moins belligérantes que les premières, tout aussi jalouses d'étendre leur empire, mais dont les défaites et les victoires font répandre de plus douces larmes, et donnent de plus doux succès. Les officiers marchands du *Victorieux*, ce polacre Marseillois dont je vous ai parlé, contribuent beaucoup à l'agrément de notre société. Ils perdent une grande partie de leur fortune par la prise de leur cargaison, mais accoutumés, comme la plupart des marins, à des révolutions subites, leur malheur ne paroît les affliger que par réflexion, &, semblables au reste des hommes, ils songent déjà moins à la perte qu'ils viennent de faire, qu'aux moyens de la réparer (1). Cette facilité avec la-

(1) *Les anciens disent que l'homme s'afflige du mal et se lasse du bien, parce que, lorsqu'il ne peut plus combattre par nécessité, il combat encore par ambition. La raison de cela est, que pouvant tout desirer, et ne pouvant jamais tout acquérir, et le desir devenant toujours plus grand que les moyens de le satisfaire, il en résulte que le dégoût de ce que l'on possède, se joint au chagrin de le voir possédé par d'autres.* Machiavel, *Discours polit.*, liv. 1, chap. 37.

quelle nous passons d'une espérance trompée à une espérance souvent trompeuse, est, selon moi, une de nos plus précieuses ressources; puisque non-seulement elle sert à nous consoler des maux présens, mais qu'elle devient encore, par le pouvoir qu'elle exerce sur notre imagination, une source inépuisable de bonheur. Quel est celui de nous qui, loin encore du but ou tendent ses desirs, n'anticipe pas sur les biens qu'il espère y trouver, et goûte le plaisir de la jouissance, avant même de connoître celui de la possession? A mon avis, ce fou d'Athènes, qui croyoit que tous les vaisseaux qui entroient dans le *Pirée* lui appartenoient, étoit sans contredit, le plus heureux, le plus riche, et peut-être, le plus sage des hommes; car *notre veillée est plus endormie que le dormir : notre sagesse moins sage que la folie : nos songes valent mieux que nos discours* (1).

Le 21, le tems fut assez beau. Vers quatre heures du soir, on apperçut une voile au vent, et une autre sous le vent. *La Résolution* ayant donné chasse à la première, pendant que *le Victorieux*, que les anglois ont métamorphosé en corvette, en faisoit autant à l'autre. Lorsque nous fûmes à sa portée, elle arbora pavillon prussien, et n'en fut pas moins scrupuleusement visitée. Après cette expédition, nous courûmes sur l'autre, que nous trouvâmes dans le plus triste état. C'étoit un bricq suédois, démâté par le même coup de vent que nous avions essuyé.

Le 23, nous eûmes un très-gros tems. Le 24, il se soutint à-peu-près de même. A la nuit tombante, on

(1) Montaigne, *Essais*, t. 1, p. 152.

cria : navire à stribord ! Et il étoit si près, que, l'ayant reconnu pour une frégate de la première force, on se prépara précipitamment au combat. Arrivé à la portée de la voix, on le hissa. Réponse, que le bâtiment étoit neutre, expédié du port d'Ostende pour l'Amérique, et qu'il ne portoit point de canons, quoique percé pour trente-six. L'officier qui fut le visiter, ramena avec lui le capitaine, qui, malgré la bonne volonté de nos hôtes, se trouva si bien en règle, qu'on le laissa retourner à son bord et continuer sa route.

Ne vous semble-t-il pas, monsieur, entendre Gil-blas contant ses excursions militaires sur le grand chemin, pendant son séjour dans la caverne des voleurs ? Changez les noms, et vous verrez que les nuances qui nous séparent des détrousseurs de passans, se réduisent à très-peu de chose. C'est, dit-on, le motif qui ennoblit ou dégrade nos actions. Soit; mais chaque fois qu'il s'agit d'abord de *prendre*, je ne vois pas que les petits accessoires de la vanité, les petites distinctions locales, changent rien au fond. Je prens, parce que le droit de la force me donne celui de prendre, et la raison pourquoi je prens,

» C'est que je m'appelle Lion ».

Je ne sais, du reste, ce que l'on doit le plus admirer, ou de la discipline qui règne sur les vaisseaux anglois, ou de la célérité, du zèle, de l'infatigable activité avec laquelle tous concourent à l'exécution des manœuvres; de la part des officiers, une surveillance perpétuelle, une ardeur sans relâche, un commandement ferme et précis; de la part des matelots, la plus grande célérité, la plus exacte attention aux commandemens, et la plus prompte obéissance dans leur exécution. Cela seul explique assez comment les anglois, avec des équipages peu nombreux, mettent cependant beaucoup de légèreté, de précision dans leurs manœuvres, et se donnent par-là un avantage certain dans les évolutions navales. Ne pensez pas, monsieur, que, gagné par la folie du jour, et frappé de l'anglomanie ou d'un esprit improbateur, je me plaise à exagérer les avantages de nos voisins. Il est, sans doute, en tout et par-tout, des exceptions aux règles générales. J'aime à le croire ; j'aime à penser, que si tous les hommes ne tendent pas également vers le bien et la vérité, tous au moins le desirent. Mais, il doit être permis à celui qui observe sans prévention, d'être juste, même envers ses ennemis. En vain croiroit-on pouvoir fonder, sur des préjugés nationaux, les sentimens d'un patriotisme éclairé. Tout préjugé mène à l'erreur, et l'erreur à la barbarie. Le véritable esprit patriotique, celui qui fit jadis tant de miracles et de héros, étoit un amour sage et raisonné de sa patrie, une confiance éclairée dans ses propres forces, et non ce mépris imbécille et jaloux, par lequel on cherche à suppléer à ces haines vigoureuses, qu'inspiroient la violation des droits de la justice, les ravages de l'ambition, ou les attentats de la tyrannie. Rome ne devint la proie des gaulois et de ses autres ennemis, que lorsqu'elle fut parvenue au point d'aveuglement, nécessaire pour ne voir que *des barbares* dans les hommes simples et belliqueux qui renversèrent son empire.

Le 25, nous entrâmes dans la Manche. Aujourd'hui nous avons donné chasse

chasse à un foible corsaire françois. On crut l'intimider en lui lâchant quelques coups de canon, dont il ne tint aucun compte. Sa misaine ayant cassé, sir James nous dit, en riant, qu'il espéroit que ce compatriote viendroit souper avec nous. Cependant, il rétablit sa voile, et dirigea sa course sur la côte de France. Je le poussois de tous mes vœux, et malgré la marche supérieure de la Résolution, je vis avec plaisir qu'il gagnoit de l'avance. La nuit approchant sur ces entrefaites, les anglois cessèrent la chasse, en disant, comme le renard, qu'un corsaire ne valoit pas la peine d'être pris.

Si le tems reste tel qu'il est, demain, monsieur, nous arriverons à Portsmouth; demain je verrai de près cette fameuse Albion dont l'on dit tant de bien et tant de mal; et tandis que vous me croirez haletant sous le ciel enflammé de la zone torride, je *foulerai d'un pied tranquille* les verds gazons de l'Angleterre. Quel que soit le terme de ma captivité, je ne m'en fais point un monstre. Jamais l'exil ne fut un supplice pour l'homme qui sait vivre seul, et j'ai toujours pensé que Séneque proscrit eût pu couler des jours purs et tranquilles au sein des rochers de la Corse, s'il eût été aussi philosophe par le cœur, qu'il paroissoit l'être par la tête (1).

---

(1) J'ai vu autrefois en Corse la tour qu'il habita huit ans, et qui porte encore son nom. C'est-là qu'il composa ses traités de philosophie, et sa tragédie de Médée, chef-d'œuvre d'adulation ; c'est de-là qu'il mandoit à sa mère : *Je ne suis point malheureux. Je suis tout aussi gai, tout aussi content, que si j'étois à Rome* ; et c'est de-là aussi qu'il écrivoit à l'affranchi Polybe des lettres basses et rampantes, dans

LETTRE V.

Alresford, ce 29 septembre.

ME voici, monsieur, parvenu à notre prison, c'est-à-dire, au lieu qui nous a été désigné pour y attendre

---

lesquelles il traite Claude de *divinité de la terre*, le remercie de la sentence injuste qui le bannit, fait des vœux ardens pour ce *père de la patrie*, et prie les dieux immortels de veiller sur *ses jours précieux*. Et voilà un philosophe ! Et voilà le fruit que Séneque avoit tiré de huit ans d'exil et de malheur ! Tacite et Pline le louent beaucoup d'avoir été honnête homme dans une cour abominable. C'est beaucoup, sans doute. Moi, je le trouverois bien plus estimable encore, s'il avoit eu le courage de n'y plus revenir. Mais, si *les épreuves que la providence envoie aux gens de bien ne sont point des maux*, comme il le dit, il n'en est pas moins *fâcheux d'être l'ennemi de* nos passeports. Alresford est un village charmant et par lui-même, et par sa situation. Je sens que, s'il le falloit,

---

ceux qui jouissent du pouvoir souverain, comme il le dit aussi; et voilà ce qui explique l'étonnante contradiction que l'on trouve entre la conduite et les discours des Séneques anciens et modernes. Au reste cette dernière maxime justifie le portrait qu'en fait Saint-Réal dans son *Epicaris*. *La morale rigide dont il remplit ses écrits, ne l'empêche pas d'être le plus avare, le plus ambitieux, et le plus dissimulé de tous les hommes. Son hypocrisie lui a donné une haute réputation dans une cour corrompue, par l'adresse qu'il avoit de s'attribuer tout ce que Néron faisoit de vertueux et de juste. Son cœur n'étoit pas même insensible à l'amour. Ce penchant secret causa son exil, et rappelé par Agrippine à la Cour de Claudius, pour instruire Néron, il fut un des principaux amans de cette impératrice. Mais, après avoir tenu d'elle toute sa fortune, l'ingra-*

je l'accepterois sans répugnance pour l'exil du reste de ma vie.

Vous aurez vu, par ma dernière lettre, que nous étions entrés le 26 dans la Manche. Le 27, de très-bonne heure, nous découvrîmes l'isle de Wigth, qui forme, avec la côte

---

titude dont il a payé ses bienfaits, jusqu'à la décréditer par politique, et la déchirer cruellement après sa mort, pour plaire à Néron, font bien voir que, malgré ses écrits, il sacrifie tout à sa fortune, et à son intérêt. Et c'est cet homme-là qu'un auteur moderne appelle *le Socrate de Rome, plus utile au monde que celui d'Athènes; parce qu'il a laissé des écrits qui porteront à jamais l'empreinte du génie et de la vertu.* Quel blasphême, grand dieu ! Et quelle ressemblance peut-il y avoir entre un Séneque courtisan bel-esprit, et le divin Socrate. *Voyez* Séneque, *Pensées*, p. 45 et 46; Saint-Réal, t. 5, p. 233; Histoire des XII Césars, p. 469, note 23.

d'Angleterre, la rade de Spithead, ou de Portsmouth, dans laquelle nous mouillâmes vers 10 heures, non loin de l'endroit où le malheureux amiral Kempenfeld, à peine dans les bras de sa femme et de ses enfans, coula subitement bas avec toute sa famille, une grande partie de l'équipage du vaisseau qu'il commandoit, et avec lequel il venoit de faire une campagne glorieuse.

A peine nos ancres étoient-elles à fond, que nous fûmes entourés de chaloupes pleines de femmes qui, pour la forme, faisoient semblant de nous apporter des vivres, tandis que, sous leurs manteaux écarlate et leurs grands chapeaux noirs, elles cachoient, d'un air modeste, des intentions qui assurément ne l'étoient pas. Dès que l'on eut laissé monter à bord une troupe de ces prêtresses de la belle Cypris, le vaisseau devint une nouvelle Amathonte. Les rouleaux de cables, les caisses d'armes, les canons même se changèrent en lits de gazon.... Les accens de la joie et du plaisir se confondent avec les cris de la manœuvre et le murmure des porte-voix... Que vous dirai-je, monsieur? Imaginez le temple de Vénus transporté dans les antres de Mars. Je croyois rêver, et je témoignai ma surprise à un officier anglois. Comment, lui dis-je, tolérez-vous un pareil excès de licence?

L'ANGLOIS.

Que voulez-vous? Depuis sept ans la plupart des hommes qui sont ici n'ont pas mis le pied à terre. Si nous les y laissions aller, ils ne reviendroient plus.

MOI.

Ceci est donc une affaire de calcul?

L'ANGLOIS.

Et de nécessité. Une fois rassasiée de plaisir, l'imagination du matelot cesse de chercher à terre la seule espèce de jouissance qu'il y trouve, et se reporte avec ardeur vers les espérances que lui offre son métier. De tous ceux que vous voyez-là, il n'en est aucun qui n'ait compté faire fortune en s'embarquant. Cela a réussi à quelques-uns, et c'en est assez pour entretenir l'espoir des autres.

MOI.

Mais, monsieur, mais les mœurs!

L'ANGLOIS.

» Les mœurs! Les mœurs sont bonnes, mais la nécessité a ses loix. Forcé de choisir entre deux maux, il faut prendre le plus doux. Empêchez les souverains de se faire la guerre, anéantissez les inconvéniens dont elle est la source, faites taire l'ambition, l'avidité, l'injustice, établissez

L'impraticable paix de l'abbé de Saint-Pierre;

et pour lors nous parlerons des mœurs. D'ailleurs, monsieur, les romains n'enlevèrent les sabines que pour coucher avec elles. Les loix de l'ancienne Grèce autorisoient le libertinage des jeunes gens, et, dans bien des occasions, la pluralité des femmes. On fit un jour revenir de l'armée tous les jolis garçons, exprès pour coucher avec les jolies filles. La police de tous les états modernes tolère, protège même des lieux de prostitution; et si nous faisons mal, ce n'est pas à nous, c'est à ceux qui rendent le mal nécessaire, à en répondre. Au reste, souvenez-vous que Machiavel a dit, qu'*il n'y a ni loix ni réglemens capables d'ar-*

rêter la corruption générale, parce que les bonnes loix ne sauroient pas plus se passer du secours des bonnes mœurs, que les bonnes mœurs du secours des bonnes loix (1).

Je tenois mon sophiste, et j'allois le battre avec ses propres armes, lorsque voyant aborder une fille mieux vêtue et un peu moins laide que les autres, il mit la main dessus, et l'emmena déjeûner avec nous. Je vous avoue, monsieur, que les raisonnemens du marin, très-justes dans un sens, ne me paroissent point tels, relativement à la facilité avec laquelle presque tous les états du monde s'aveuglent sur une tolérance qui, sans arrêter le cours de la séduction, sans assurer l'honneur et la paix des familles, ne fait que propager le libertinage, en lui désignant des

(1) Discours polit. l. 1, ch. 17.

asyles d'où il peut impunément braver les réclamations de l'autorité paternelle et de la vertu. C'est par une conséquence d'un principe tout aussi absurde que celui de mon anglois, que Venise a long-tems cru qu'il y alloit de sa gloire, qu'il étoit de l'essence de sa liberté de conserver son dangereux carnaval, d'en protéger la licence, et qu'un sénateur cessoit de pouvoir prétendre à la considération publique, s'il se dispensoit de présider à son tour le *Ridotto*, espèce de tripot où la plus vile canaille se mêloit, sous le masque, avec les honnêtes-gens, et où des fripons en domino croté et les mains sales, filoutoient au nom de *la Sérénissime*, les dupes qui venoient porter leur argent à cette fameuse banque de Pharaon, dont le produit faisoit une partie de son revenu. Cependant, Venise a supprimé quelques-uns de ces honteux abus, et n'en est aujourd'hui ni plus pauvre, ni moins respectable.

Vers midi, une chaloupe vint nous prendre, et nous conduisit à Portsmouth, et de-là à Gosport, qui n'en est séparée que par une rivière qui a son embouchure dans le port. Nous reçûmes, le même jour, l'ordre de nous rendre ici, où nous arrivâmes le lendemain au soir, avec la promesse que, dans huit ou dix jours au plus tard, on nous expédieroit des passeports pour retourner en France.

Ma première lettre, monsieur, vous parlera plus en détail d'Alresford. Jamais captif ne porta de plus doux liens. Si j'étois de ces prédestinés qui ont reçu le don de faire du sentiment avec de l'esprit, que de jolies choses je vous écrirois sur ma situation présente! Mais je me borne à vous dire, que, quoique ma santé soit fort dérangée, elle ne l'est cependant point assez pour que je ne puisse pas me promener dans les belles vallées qui environnent ma prison. O, que malheureux sont ceux qui, réduits à traîner dans le désert de la vie le fardeau de leur existence, confondent l'éclat avec le bonheur, cherchent la paix dans le trouble, les desirs dans la satiété, et n'ont d'autre idée de la solitude, que celle d'une mort anticipée! Que je les plains, et que je plains sur-tout celui qui, abandonné à lui-même, ne sauroit descendre dans son propre cœur, sans y trouver ou le vuide affreux de l'indifférence, ou le supplice des remords! Adieu.

LETTRE VI.

Alresford, le 5 octobre.

IL faut avoir vu ce pays-ci, monsieur, pour s'en faire une idée vraie. La plupart des gens du continent ne connoissent l'Angleterre et les anglois que par les débats parlementaires, la chasse aux renards, les courses, le suicide, et les combats de coqs. C'est-à-dire, qu'ils jugent de la nation d'après quelques faits isolés recueillis dans les gazettes, sur quelques traits saillans, qui ne distinguent que l'ordre le moins nombreux, et qui, toujours le plus corrompu, est toujours le plus loin de la nature. Je n'entreprendrai pas le vrai tableau national. Cette tâche seroit au-dessus de mes forces. Mais j'essaierai au moins, par la comparaison de ce que je vois ici avec ce que j'ai vu ailleurs, de vous donner un apperçu général de l'Angleterre et de ses habitans.

Dans une grande partie de l'Europe, les villages ne sont autre chose que les asyles de la pauvreté. Ici ce sont des habitations charmantes, composées de rues propres, larges, et souvent alignées. Au lieu de ces tristes masures revêtues de terre, couvertes de chaume, offrant, en dehors, l'image de la décrépitude, en dedans, celle de la misère, vous voyez ici des maisons solides, joliment ornées en dehors, et pourvues, en dedans, de tout ce qui peut servir au bien-être et à l'agrément de la vie. Ailleurs nous voyons se traîner dans les hameaux, des infortunés couverts des livrées de l'indigence; des squelettes ambulans, pâles, décharnés. Ici, ce sont des hommes forts et vigoureux; des femmes fraîches et vermeilles, d'une stature haute, bien nourries, bien habillées. Nulle part ici vous ne rencontrez les traces de cette pauvreté qui dépeuple sourdement les Etats, faits pour être les plus populeux : point d'enfans nuds qui viennent solliciter la pitié du voyageur : point de ces pauvres en lambeaux dont les spectres effraient la charité même. Ici, le cœur de l'homme, qui sait compatir aux misères de son semblable, n'est plus oppressé sous le poids secret qu'impose la vue du malheur. Il s'épanouit, il se dilate, il s'ouvre au délicieux sentiment qu'y porte le spectacle du bonheur public. Les logemens que nous occupons portent tous l'empreinte d'une honnête aisance, et l'auberge où nous mangeons, celle de l'ordre et de l'opulence. La fille de la maison, jeune et jolie, joint à beaucoup d'instruction, des talens agréables, Je passe tous les jours

jours plusieurs heures à lui entendre pincer de la harpe, car la musique est, dans ce pays-ci un point essentiel de l'éducation des filles de tous les états. Le tems qu'elles donnent ailleurs au soin de la parure, à l'étude d'une perfide & froide coquetterie, est employé par les angloises, ou à la lecture, ou à l'acquisition d'un talent. Toutes ont au moins le degré d'instruction proportionné au rang qu'elles doivent occuper dans le monde. Presque toutes sont musiciennes, et cultivent avec passion un art dont le moindre avantage est de remplir des heures d'inaction, et d'être un préservatif contre les dangers du désœuvrement : art sublime, art céleste, dont la magie enchanteresse supplée la joie, console la douleur, et réunit au triple pouvoir d'exprimer toutes les passions, d'embellir tous les tableaux, et de prêter un nouvel éclat aux miracles de la magnificence, l'avantage cent fois plus précieux, d'être dans le silence de la solitude, et la plus douce occupation, et le plus cher délassement de l'homme sensible.

Je trouve qu'en général les femmes de ce pays-ci sont mal habillées. Leur taille, emprisonnée dans un corps haut et roide, n'a ni grace ni souplesse, et la longue queue de leur robe est moins un ornement, qu'un chiffon, qui ne leur sert qu'à balayer les rues. Les hommes sont presque tous en bottes, en culottes de peau, en bon habit de drap ; les cheveux ou la perruque ronde, la large cravatte au cou, et la tête couverte d'un vaste chapeau rond.

En voilà assez, monsieur, pour vous donner une idée de ce que peut l'influence du commerce chez une nation, jalouse de la liberté qui fait son bonheur; où chaque canton agit, par ses représentans, et d'une manière plus ou moins directe, sur les opérations générales du gouvernement, et où chacun en particulier veille au bonheur de tous. Je sais que ce gouvernement a, comme toutes les institutions humaines, ses défauts et ses abus : je sais que les avantages dont il jouit, ne le garantissent pas toujours de l'erreur : je sais qu'il peut commettre de ces fautes politiques, dont les conséquences n'influent que trop souvent sur le sort de toute une nation : la guerre actuelle en est une preuve, et la faute que le ministère anglois vient de faire, lui sera d'autant plus justement reprochée, que plusieurs écrivains, l'abbé de la Porte entr'autres, avoient prévu et prédit la révolution qui vient de s'opérer, et cela trente ans avant l'auteur (1) que les ignorans ont cru illuminé d'un rayon prophétique, pour avoir dit, mais d'une manière bien moins positive, « que » la gêne et la dépendance dans laquelle l'Angleterre tenoit ses colonies, ne pouvoient manquer de » diminuer leur attachement pour la » métropole. A peine ces peuples se » regardent-ils comme anglois ; à » peine les anglois les comptent-ils » parmi leurs compatriotes ; et qui » sait s'ils ne deviendront pas un jour » ses rivaux, peut-être même ses » ennemis ?... D'habiles politiques ont

---

(1) Entr'autres, voici un de ses passages. *Les colonies angloises de l'Amérique septentrionale prennent tous les jours des accroissemens qui étonnent l'univers, elles peuvent rester asservies à leur métropole ; elles peuvent secouer le joug.* Hist. philos. et polit., p. 400, t. 1, l. 8.

» déja prédit que le nouveau monde » secouera le joug de l'ancien, et que » l'Amérique Angloise, comme la plus » florissante, *donnera l'exemple aux* » *autres nations* (1) ». Cependant, monsieur, et malgré tout cela, il n'en est pas moins vrai que, si le meilleur gouvernement est celui dont le bonheur public atteste la sagesse, l'état florissant du peuple anglois doit faire regarder le sien comme un des meilleurs de tous ceux qui existent.

Pardon, si j'ai fixé un moment votre attention sur une matière un peu grave. Quoique je ne sois pas un Alcibiade, vous savez cependant que l'on revêt assez aisément le caractère du peuple chez lequel on vit. Dans ma première lettre, je tâcherai de vous

(1) Voyageur François, t. 18, p. 132 et 133.

dédommager de l'aridité de celle-ci, par des objets moins au-dessus de ma portée.

LETTRE VII.

Alresford, le 7 octobre.

IL est impossible, monsieur, de voir un paysage plus aimable, plus doux, que celui des environs d'Alresford. Laissez errer votre imagination sur tout ce que vous avez jamais vu de plus gracieux dans ce genre. Formez-vous le tableau de plusieurs vallons, enchaînés les uns aux autres par des ruisseaux limpides, coulans dans de vertes prairies, sous les voûtes du plus beau feuillage. Voyez les détours des collines occupés par des moulins et des fermes, leurs sommets couronnés de maisons charmantes; sur leurs penchans, des jardins sans art, des parcs fermés, non par ces énormes pieux, qui font ressembler les enceintes des nôtres à celle du chemin couvert d'une forteresse, mais de ces petites palissades vertes, qui, sans rien dérober au coup-d'œil, se marient avec la fraîcheur des gazons. Voyez le fond de ce riant tableau animé par des troupeaux de daims, qui bondissent en liberté; par des chûtes d'eau qui se précipitent du sommet d'un mont aride et pelé. En ceci, les anglois, imitateurs des chinois, les ont surpassés en s'écartant moins de la nature. En Chine, un jardin est un amas désordonné de roches suspendues, d'affreuses cavernes, de cataractes impétueuses, d'arbres et d'édifices brisés et mutilés par la foudre, le tout entremêlé de plantes extraordinaires et d'animaux monstrueux. Ici, monsieur, c'est la nature qui est le premier architecte de ces beaux lieux, que nous nommons des jardins anglois, et que nous croyons imiter à force d'entasser, sur un sol ingrat, des arbres qui ne sont point faits pour y croître, des monticules sabloneuses, que nous appelons *des côteaux*; des pierres peintes et rapportées, que nous nommons des *rochers*; des filets d'une eau sale, que nous transformons en *ruisseaux*, des temples neufs en ruines; des boudoirs dans des hermitages; le faste de Sibarys sous un toît de chaume; enfin, toutes les guenilles de notre misérable luxe, éparpillées entre les avortons d'une végétation impuissante. Eh! gardons nos beaux parterres sablés, nos jets-d'eau, nos compartimens rouges, jaunes, gris; notre buis odorant, notre agréable lavande, et nos ifs taillés! Tout cela va le mieux du monde avec ces vastes & magnifiques châteaux, où nous traînons le luxe des villes, leur étiquette, leur ennui; et laissons aux anglois, qui ne savent point s'occuper des petites intrigues de la société, le triste avantage de jouir, dans le calme de la paix rurale, dans les douces habitudes de la vie champêtre, d'un bonheur qu'ils ne doivent qu'à l'insipide simplicité de leurs plaisirs, à leur goût pour tout ce qui porte à la contemplation et à la mélancolie.

Ce seroit ici le moment de vous parler des mœurs et du caractère des anglois et des angloises. Mais comme je n'ai pas la prétention de mieux voir qu'un autre, que je veux, autant qu'il me sera possible, échapper à tout reproche d'enthousiasme et de partialité, je vais m'appuyer de l'autorité d'un homme célèbre, qui, pendant un assez long séjour en Angleterre, a été à même de juger ses habitans.

« Les angloises sont douces et timi-
» des. Les anglois sont durs et féroces.
» D'où vient cette apparente opposi-
» tion ? De ce que le caractère de chaque
» sexe est ainsi renforcé, et que c'est
» aussi le caractère national de porter
» tout à l'extrême. A cela près, tout
» est semblable. Les deux sexes ai-
» ment à vivre à part ; tous deux font
» cas des plaisirs de la table ; tous
» deux se rassemblent pour boire après
» le repas, les hommes du vin, les
» femmes du thé ; tous deux se li-
» vrent au jeu sans fureur, et s'en
» font un métier plutôt qu'un plaisir ;
» tous deux ont un grand respect
» pour les choses honnêtes ; tous deux
» aiment la patrie et les loix ; tous
» deux honorent la foi conjugale, et,
» s'ils la violent, ils ne se font pas

» un honneur de la violer. La paix » domestique plaît à tous deux; tous » deux sont silencieux et taciturnes; » tous deux difficiles à émouvoir; tous » deux emportés dans leurs passions; » pour tous deux l'amour est terrible » et tragique, il décide du sort de » leurs jours, il ne s'agit pas moins » que d'y laisser la vie ou la raison. » Enfin, tous deux se plaisent à la » campagne, et les dames angloises » errent aussi volontiers dans leurs » parcs solitaires qu'elles vont se mon» trer au Vaux-hall. De ce goût » commun pour la solitude, naît aussi » celui des lectures contemplatives et » des romans dont l'Angleterre est » inondée. Ainsi, tous deux, plus re» cueillis avec eux-mêmes, se livrent » moins à des imitations frivoles, » prennent mieux le goût des vrais » plaisirs de la vie, et songent

» moins à paroître heureux qu'à l'ê-
» tre (1).

---

(1) J. J. Rousseau, Lettre à d'Alembert, p. 123 et 124. Un homme de mauvaise humeur, qui lisoit un jour ce passage, et qui avoit sans doute ses raisons pour ne pas aimer les françois, fit la parodie suivante.
« Les françoises sont hardies et décidées; les
» françois sont doux et faciles. D'où vient
» cette singulière opposition ? De ce que le
» caractère de chaque sexe est ainsi atténué,
» et que c'est aussi le caractère national de
» s'éloigner toujours de la nature. A cela
» près, tout est semblable. Les deux sexes
» aiment à vivre ensemble; tous deux font
» peu de cas des vrais plaisirs de la société;
» tous deux se rassemblent après les repas,
» les hommes et les femmes pour jouer; tous
» deux se livrent au jeu avec fureur, et s'en
» font à la fois un métier et un plaisir; tous
» deux ont peu de respect pour les choses
» honnêtes; tous deux s'embarrassent peu de
» la patrie et des loix; tous deux violent la
» foi conjugale, et se font un honneur de

Les femmes de ce pays-ci paroissent n'avoir point dégénéré du caractère qui

---

» la violer. La paix domestique est indiffé-
» rente à tous deux ; tous deux sont grands
» parleurs ; tous deux faciles à émouvoir ;
» tous deux tranquilles dans leurs passions ;
» pour tous deux l'amour est une affaire de
» calcul et de plaisir ; il ne décide en rien
» du sort de leurs jours ; il ne s'agit de rien
» moins que d'y laisser la vie ou la raison.
» Enfin, tous deux se déplaisent à la cam-
» pagne, et les dames françoises errent aussi
» rarement dans leurs parcs solitaires,
» qu'elles vont se montrer souvent aux spec-
» tacles. De ce goût commun pour la dissi-
» pation, naît aussi celui des lectures frivoles
» et des brochures dont la France est inon-
» dée. Ainsi, tous deux, moins recueillis
» avec eux-mêmes, se livrent plus à des
» imitations puériles, perdent plutôt le goût
» des vrais plaisirs de la vie, et songent
» moins à être heureux qu'à le paroître ».

Quoique cette caricature, ouvrage d'une prévention injuste, soit assurément très-fausse, les distinguoit autrefois. Elles me rappellent toutes la réponse d'une ancienne albionoise à l'impératrice Julie, qui reprochoit aux femmes de son île leur facilité en amour. *Il est vrai*, lui dit-elle, *que nous ne rougissons pas de faire publiquement avec des hommes de mérite, ce que vous faites en secret avec des hommes méprisables.* Ceux pour qui les jouissances du cœur ne marchent que bien loin derrière celles du plaisir purement animal, reprochent aux angloises, si tendres, si véhémentes dans leurs passions, de ne pas étendre leur sensibilité au-delà

---

lorsque l'on considère la nation françoise en général, on ne sauroit cependant disconvenir qu'il s'y trouve quelques traits de ressemblance, non pas avec le françois indigène ; mais avec cette partie détériorée qui va perdre dans la capitale, ses mœurs, sa bonté, son caractère primitif.

des bornes de l'amour platonique. Je n'en sais rien : cela se peut ; mais, si on me laissoit le choix, j'aimerois mieux adorer de loin la belle et mélancolique Héloïse, gémissante d'amour et de repentir au fond de son cloître solitaire, que de disposer à mon gré de la superbe et voluptueuse Cléopatre. Quant au physique, une peau fine et blanche, animée d'un foible incarnat, la coupe du visage ovale, le nez un peu long, des yeux grands et bleus, le regard plus tendre que spirituel, plus touchant qu'expressif; une bouche mal meublée, mais vermeille et un peu boudeuse, une taille fine et haute, mais un peu gênée dans les hanches; le cou long, la gorge belle, voilà ce qui caractérise ici la beauté.

Je compte, monsieur, partir demain pour Londres; c'est vous dire que nos passeports sont arrivés. Ainsi, nous revoilà tout aussi libres que si nous étions en France. Quel que soit mon empressement d'y retourner, je ne perdrai pas une aussi belle occasion de voir un peu en détail cette ville célèbre, et de vous en dire mon sentiment.

LETTRE VIII.

Londres, le 9 octobre.

ARRIVÉ dans cette fameuse capitale, je ne vous dirai pas, monsieur, que j'y regrette le tranquille et charmant Alresford ; cela va sans dire ; mais comme je ne compte rester à Londres que peu de jours, j'y suis trop occupé de tout ce que j'y vois, de tout ce que j'y veux voir, pour penser à autre chose.

Nous partîmes d'Alresford avant-hier de très-grand matin, avec deux voitures

tures de la poste, qui, en Angleterre, est encore mieux servie que dans le reste de l'Europe, quoiqu'elle soit, à proportion du reste, beaucoup moins chère. Passant par Windsor, nous nous arrangeâmes de manière à y dîner, afin d'avoir le tems de visiter le palais, qui n'a ni la vaste étendue, ni la magnificence de celui de Versailles. C'est, dans le fait, une sombre et vieille solitude, si peu fréquentée par la foule qui ailleurs assiége la demeure des rois, que l'herbe y croît au milieu de la grande cour. Si jamais quelque despote vient à l'habiter, que de gens s'empresseront alors d'éplucher, brin à brin, cette herbe, dans laquelle j'ai vu le signe le plus certain de la félicité des anglois ! cependant, le roi et la reine y étoient.

Je laisse le détail des différens appartemens que l'on me fit voir, pour vous parler de deux pièces qui ont attiré toute mon attention. La première est une espèce de cabinet, le long des murs duquel sont rangés, dans l'ordre de succession, les portraits des femmes de Henri VIII, et des nombreuses maîtresses de Charles II. Monsieur, ces princes étoient connoisseurs. Vous savez le sort de plusieurs de ces infortunées, qui payèrent de leur tête le fatal bonheur d'avoir mérité la tendresse d'un homme qui, par principe de conscience, faisoit passer les femmes qu'il aimoit, de son lit au trône, et du trône à l'échaffaud. C'étoit réellement une espèce de *Barbe-bleue.* De-là on nous conduisit dans une galerie dont le côté droit est occupé par un de ces monumens que, dans les tems de barbarie, l'adulation érigeoit à l'orgueil. Un vieillard vénérable, Edouard III, assis sur son trône, se courbe avec bonté vers un roi chargé de fers, qu'un jeune guerrier lui présente ; et ce roi enchaîné, c'est le roi de France, le malheureux *Jean*, pris à la bataille de Poitiers, après avoir fait des prodiges de valeur. Les anglois, afin de relever le triomphe du prince noir, ont donné au monarque vaincu une attitude fière, tandis que le héros vainqueur, modeste et respectueux, ajoute à la gloire qu'il s'est acquise dans les combats, la gloire sublime de triompher du juste orgueil que doit lui inspirer une telle conquête. Ce monument ne vaut-il pas bien celui de la place des victoires, tant reproché à Louis XIV ? il prouve au moins que les princes, ainsi que les autres hommes, aiment à s'énorgueillir des faveurs passagères de la fortune ; qu'ils ne calculent pas toujours qu'il suffit d'un seul de ses caprices pour faire passer aux mains du vainqueur, les mêmes fers que porta le vaincu, et qu'enfin, pour me servir d'une expression originale, *leur couronne ne les couvre ni du soleil ni de la pluie* (1). Souviens-toi de Charles XII à Bender, de Denis à Corinthe, et de Crésus sur le bûcher, est l'inscription qu'il faudroit graver sur la porte du palais de tous les rois guerroyeurs, avares ou tyrans.

Je ne vous parlerai, ni du parc, ni des jardins de Windsor, parce que je ne les ai point vus, ce qui est déjà une assez bonne raison, quoiqu'elle n'en soit pas une pour tous les voyageurs; je ne vous dirai pas non plus par qui et en quel tems ce palais fut bâti; je vous dirai encore moins les différens ordres d'architecture qui entrent dans sa composition, ni quels

---

(1) Montaigne.

rois l'ont augmenté ou embelli. Si vous êtes bien curieux de tout cela, ouvrez le premier dictionnaire géographique qui vous tombera sous la main, et vous me dispenserez de transcrire l'article *Windsor*.

Il paroît, monsieur, que les rois d'Angleterre se soucient peu de fixer les regards de la nation, par l'éclat habituel du faste et de la magnificence, et j'en fus persuadé lorsque, du haut d'un balcon des appartemens, je vis le roi traverser la terrasse, et s'en aller à la chapelle suivi d'un seul page. Bénissons celui qui, au sein lumineux des rayons de la majesté royale, et sous la pourpre qu'il honore, se plaît à nous montrer, dans le père de la patrie, l'homme simple, juste, et bon, qui sait distinguer le sujet de l'esclave, et l'hommage de la reconnoissance et de l'amour, du langage insidieux de la flatterie. On cite à ce sujet un trait assez curieux de Charles I. Ce monarque étant à table avec deux évêques, mit en question : s'il ne lui étoit pas libre de prendre le bien de ses sujets, lorsqu'il se trouvoit avoir besoin d'argent ? *Comment, Sire*, dit un des prélats, *nous ne respirons que par vous? votre majesté n'est-elle pas le souffle de nos narines !* L'autre, pressé par le roi, parce qu'il refusoit d'abord de s'expliquer, répondit enfin : *Je crois, Sire, que, sans blesser aucune loi, vous pouvez prendre l'argent de mon confrère, puisqu'il vous l'offre.*

Nous partîmes de Windsor après un assez mauvais dîner, que l'on nous fit payer aussi cher que si le roi, que nous n'avions vu que par derrière, nous eut honorés d'un regard favorable. Quoique l'on nous eût assuré que le chemin de-là à Londres étoit sans cesse infesté de voleurs, nous passâmes sans accident, et dûmes peut-être cette faveur à notre habit et à notre nombre, puisqu'une voiture qui nous suivoit, fut arrêtée, et reçut même un coup de fusil, pour ne s'être pas rendue à la première sommation. J'avoue que je ne conçois pas comment, dans un pays de liberté et de commerce, on ne prend pas des mesures plus efficaces pour veiller à la sûreté publique. Il est bien étonnant de trouver un pareil abus dans un état où l'extrême misère est presque inconnue, et où la navigation, le commerce, des établissemens immenses dans toutes les parties du monde, offrent tant de ressources au pauvre actif et industrieux. Le brigandage seroit-il donc une plaie nécessaire à un état libre, et faut-il que l'Angleterre tolère aujourd'hui ses voleurs, parce que la

Grèce eût autrefois ses *Cercyons* et ses *Cacus* ? Ce qu'il y a de singulier, c'est que cette classe d'hommes partage avec le reste de la nation le caractère d'originalité piquante qui la distingue de toutes les autres ; en voici deux exemples. Un homme se présente à la portière de la voiture d'un lord, le couche en joue, et lui dit : *Mylord, cette carabine vaut cent guinées comme un sol. Vraiment oui*, dit le lord, en lui jettant sa bourse. Le voleur, fidèle au marché, remet la carabine à l'acquéreur, qui sur-le-champ lui retorque ſon argument. *Vraiment oui*, répond l'autre ; *elle vaudroit même mieux que cent guinées, si elle étoit chargée*. Là-dessus il part, et mylord confondu vérifie le fait, et le trouve exactement vrai. Un autre bandit, connu sous le nom de *Turpin*, arrête un homme qu'il savoit être fort riche, et qui, par hasard, n'avoit alors que six guinées sur lui. *Turpin* indigné, les prend, et le prévient que, si, à la première entrevue, il s'avise d'avoir encore la bourse aussi mal garnie, il lui donnera cent coups de bâton.

Nous arrivâmes à Londres d'assez bonne heure encore pour aller au spectacle. Je ne sais trop quel étoit le sujet de la première pièce. J'ai seulement compris qu'un monsieur du bel-air, qui sembloit jouer le premier rôle, finit par être fort maltraité. C'est ordinairement à un françois que leurs auteurs dramatiques donnent ces sortes de caractères. Ils les introduisent rarement dans leurs pièces, sans les rendre aussi ridicules que méprisables, et ce procédé, très-anti-philosophique, est d'autant plus injuste, que, lorsque nous traduisons un anglois sur la scène, si c'est quelquefois un homme singulier, c'est toujours un homme estimable, comme dans *l'Anglois à Bordeaux*, *la jeune Indienne*, *l'Ecossaise*, etc. Les anglois font bien de ridiculiser la fatuité, si commune parmi nous, et de l'empêcher de pénétrer chez eux, parce qu'il est certain qu'étant la marque d'un esprit médiocre, un fat ne sera jamais qu'un sot, aussi dangereux qu'inutile à la société. Mais il ne faut pas non plus confondre toute une nation avec quelques originaux dégoûtans, et nourrir ainsi des préjugés odieux, qui n'ont que trop souvent été la source des haines nationales. Pour faire du théâtre la véritable école des mœurs, il faut y mettre la vertu en opposition avec le vice, la raison avec la folie, et ne pas donner des caricatures pour des portraits.

Après la première pièce, vint un

opéra-bouffon, et très-bouffon, car on y voyoit un roi fou, faisant, le diadême en tête, et le sceptre à la main, toutes les singeries d'un saltimbanque, et cela en dépit d'un spectre, lequel, en rivalité avec une jeune et jolie fille, ne tira aucun fruit de ses sermons, qu'il chantoit d'une voix forte et sonore, tandis que sa folle majesté arpentoit gaiement le théâtre. La musique me fit beaucoup de plaisir, et m'en eût fait davantage encore, si elle avoit été adaptée à un meilleur poëme, car, comme l'observe Saint-Evremont : *une sottise chargée de musique, de danses, de décorations, est une sottise magnifique, mais toujours sottise* (1). Les acteurs m'ont

---

(1) Le défaut de livres m'empêche de citer toujours la page et le volume. J'en préviens ici une fois pour toutes.

paru moins bons que les actrices; leur jeu est ou contraint, ou maniéré; et j'ai observé ici ce que j'ai vu dans tous les pays étrangers, c'est qu'il n'y a que les comédiens françois qui sachent conserver le ton de la nature, dans ce que l'on nomme proprement la comédie.

Vous pensez bien, monsieur, que, dans un pays tel que celui-ci, le public prend quelquefois la liberté de siffler les acteurs qui lui déplaisent. On se gêne si peu, à tous égards, que, pendant la première pièce, les survenans saluoient, tout haut, les gens de leur connoissance, et, du fond du parterre, lioient conversation avec les habitans du *paradis*. Par malheur pour l'actrice qui remplissoit le premier rôle, elle chanta si bien un air de bravoure, que le public le lui fit répéter trois fois, sans que je me sois apperçu que la générosité angloise l'ait autrement payée de sa docilité, que par les *bravo*, espèce d'applaudissement que les anglois, qui se piquent beaucoup de ressembler aux anciens romains, paroissent avoir pris d'eux, ainsi que l'usage de crier *bis*, comme on le voit par l'exemple du poëte-histrion *Andronicus*, que le parterre de Rome retint si long-tems sur la scène, qu'il s'enroua au point de perdre la parole.

La reine, qui étoit venue au spectacle, y fut fort applaudie. Elle est chère aux anglois, qui, dans toutes les circonstances, aiment à lui payer le tribut d'amour et d'estime que lui méritent ses vertus. Le motif sur lequel la nation fonde son respect pour elle, c'est que, renfermée dans le cercle de ses devoirs de mère et d'épouse, ne sortant presque jamais du sein de sa nombreuse famille, elle ne donne à l'éclat de son rang que ce qu'exige la bienséance, ne se mêle d'aucune affaire, d'aucune intrigue de cour, et consacre ses journées à l'éducation de ses enfans, et sa fortune à des actes de charité et de bienfaisance.

N'ayant plus que deux jours à rester ici, j'emploierai celui de demain à voir ceux des monumens publics qui méritent l'attention des voyageurs. Mais comme, dans un aussi court espace, je ne pourrai voir que peu de chose et en courant, je tâcherai de choisir les plus remarquables, et de vous en donner un apperçu rapide, mais vrai.

LETTRE IX.

Londres, le 10 octobre.

DÈS six heures du matin, monsieur, je me suis mis en route pour mon voyage de Londres, et, quelque fatigué que je sois, je ne veux pas différer à vous en parler, crainte de perdre l'effet de la première impression, toujours la plus sûre, quand l'on ne porte, dans ses observations, ni enthousiasme, ni prévention.

Ma première course fut vers la Tamise, sur laquelle sont deux ponts, d'autant plus beaux, que la rivière est ici cinq ou six fois plus large que la Seine à Paris. Il est seulement dommage qu'elle n'ait point de quais, et que Londres soit, par-là, privé d'un des plus grands avantages de sa position.

En suivant le cours de la rivière, j'arrivai à ce que l'on nomme le port, espèce de plage qui sépare de la ville cette fameuse tour, ce monument si célèbre dans l'histoire de la Grande-Bretagne, et dont je ne vous ferai point la description. Tous ces vieux repaires de la tyrannie sont à-peu-près construits sur le même modèle, et n'offrent, à la réflexion du philosophe, qu'une masse informe, du haut de laquelle la force aveugle et capricieuse menaçoit impunément la foiblesse. En pénétrant sous ses voûtes ténébreuses, je crus entendre les cris funèbres, le douloureux murmure, les accens aigus et plaintifs de toutes les victimes que l'ambition, la haine, le fanatisme y sacrifioient jadis à leur fureur infernale.

Je vis d'abord l'arsenal, dans lequel est une salle d'armes, la plus belle

belle qui soit dans l'univers. Des fusils bien entretenus, et rangés par étages, composent les deux rangs de colonnes qui soutiennent l'édifice intérieur, et dont des pistolets forment les chapiteaux. Des épées, dont les pointes renversées se réunissent dans un centre commun, figurent des boucliers suspendus aux murs. On me montra, dans l'emplacement de l'artillerie, une coulevrine d'une longueur prodigieuse, que l'on nomme *le pistolet de la Reine Elisabeth*. Ce pistolet étoit autrefois à Douvres, et celui qui me le montroit me disoit sérieusement, qu'il portoit le boulet jusqu'à Calais, de sorte que les anglois pouvoient battre la France en brêche, sans sortir de chez eux. De la salle d'armes, on me conduisit dans une vaste pièce où les représentations de tous les rois d'Angleterre sont rangées sur deux lignes, à cheval, et couverts de l'armure qu'ils portoient dans le tems. Dans le fond est Elisabeth, vêtue en amazone, un pied dans l'étrier, et saisissant la bride de son cheval en femme qui sait manier les rênes de l'état.

Dans une seconde salle, qui contient quelques antiquités et d'autres objets rares ou précieux, je vis la hache que l'on me dit avoir servi à décapiter la belle *Anne de Boleyn* (1).

---

(1) Elle fut déclarée reine d'Angleterre, la veille de Pâques 1533, et couronnée le 1 janvier suivant. Jeanne Seymour lui ayant succédé dans le cœur de son volage époux, en 1536, son mariage fut déclaré nul, sous le vain prétexte qu'elle avoit eu un engagement avec le comte de Percy; et ce même Henri VIII, qui n'avoit pas attendu, pour l'épouser, que son mariage avec Catherine d'Arragon fût cassé, se hâte, avec la

Dès lors, on eut beau me demander mon attention ailleurs, il me fut impossible de détourner les yeux de cet instrument funeste. Je le pris, je cherchai à retrouver quelques traces du beau sang qu'il versa, et je détrempai avec mes larmes des taches de rouille qui sembloient le couvrir.... Monsieur, c'est alors que je compris,

---

même précipitation, de lui faire couper la tête, le 19 mai 1536. Jeanne Seymour mourut en couches des suites de l'opération césarienne, et le roi qui l'aimoit *passionnément*, dit à ce sujet : *Sauvez mon fils ; je trouverai toujours assez de femmes.* Ce prince ayant depuis épousé une princesse de Clèves, la renvoya, et fit périr sur l'échaffaud tous ceux qui s'étoient mêlés de ce mariage, disant qu'au lieu d'une reine, ils lui avoient fait épouser *une jument flamande.*

Ce monseigneur du lion là
Fut parent de Caligula !

pour la première fois, peut-être, de quelle sainte fureur durent être animés les vertueux et sensibles romains qui, sur le poignard encore fumant du sang de *Lucrèce*, prononcèrent le serment terrible et sacré qui proscrivoit à jamais, dans *Tarquin* et sa race, le bourreau de l'innocence et de la vertu.

En quittant la tour, je dirigeai ma course sur *Saint-Paul*. Je rencontrai dans mon chemin, la fameuse et certainement trop fameuse colonne, érigée en mémoire de l'incendie qui, en *1666*, consuma plus de vingt mille maisons, et que l'inscription qu'on y a ajoutée attribue aux *papistes* ; fait très-apocriphe, et qui, fut-il même certain, ne devroit pas empêcher le parlement, le roi, ou toute autre autorité, de supprimer un monument de barbarie, qui déshonore un peuple chez lequel la raison a fait assez de progrès, pour éteindre l'esprit d'intolérance, qui servit long-tems de prétexte aux haines politiques, et ne peut que perpétuer des préjugés contraires aux sentimens de concorde et de paix qui devroient unir les hommes de tous les pays. Mais je prévois la grande objection : la populace de Londres s'y opposera . . . . . Dites la canaille, et lorsque la canaille veut s'opposer au bien, c'est alors qu'il faut la traiter comme telle, braver ses clameurs, et employer, s'il est nécessaire, la force et les autres moyens dont vous savez faire usage lorsque vos besoins l'exigent. Le peuple n'est nulle part aussi bête qu'on le dit, et que l'on voudroit le lui faire croire. Il a des lumières simples, un bon sens naturel qui le font souvent juger plus sainement que nous en fait de morale; et si vous le voyez par fois se porter à des extrémités, dangereuses pour ceux qui le gouvernent, regardez-y de près, et vous distinguerez dans la foule un *Retz*, ou quelque autre séditieux de ce genre, qui le pousse à la révolte, en lui montrant, sous un jour odieux, le même objet qu'il avoit vu long-tems avec indifférence. Ce sont les brouillons, ce sont les ennemis de l'autorité légitime qui, par-tout et toujours, ont, pour leur propre intérêt, précipité les hommes dans l'erreur. Mais, lorsque, dans des tems de calme, le gouvernement voudra, par des actes d'autorité d'accord avec la justice naturelle et la félicité publique, réformer des erreurs honteuses, croyez qu'alors un peuple, quel qu'il soit, recevra, sans murmure, ce qui, en détruisant ses vieilles idées, pourra lui faire espérer des jours plus sereins, une existence plus douce, des jouissances plus tranquilles; et tel sera l'effet des moyens, sages, mais fermes, que l'on peut employer pour effacer des préjugés absurdes. Car *les peuples*, selon Machiavel, *quoiqu'ignorans, ne laissent pas d'être capables de connoître la vérité, & d'y acquiescer, lorsqu'elle leur est montrée par quelqu'un digne de leur confiance*. Discours polit., chap. 4. *Les hommes*, a dit un grand homme, *ne se gouvernent pas par des vues abstraites. On ne les rend heureux qu'en les contraignant de l'être, et il faut leur faire éprouver la félicité pour la leur faire aimer* (1).

---

(1) J. J. Rousseau, Discours sur la question de la vertu d'un héros, t. 3, p. 292.

LETTRE X.

Londres, le 11 octobre.

PARDON, monsieur, si je vous laissai hier au soir sur le chemin de la tour à Saint-Paul ; mais ayant trouvé un voyageur qui, demain, sera rendu à Calais, j'ai profité de cette occasion pour vous faire parvenir ma lettre plutôt. Je vais, dans celle-ci, et sans autre préambule, resaisir le fil de ma narration.

Je ne m'arrêterai point à vous parler de l'édifice de Saint-Paul, dont vous trouverez la description détaillée par-tout. Après avoir jetté un coup-d'œil dans l'intérieur, je demandai à monter sur les tours. Il n'est peut-être pas de pays dans le monde où l'on fasse plus contribuer la curiosité du voyageur qu'ici. A mesure que je m'élevois dans un roide et tortueux escalier, je rencontrois de nouvelles portes, et à chaque porte un cerbère qui, armé d'une triple avarice, s'empressoit à me soulager du poids de ma bourse. Cependant, soutenu, dans ce dur et dispendieux voyage, par l'espoir de jouir d'une des plus belles vues du monde, après avoir plutôt gravi que monté trois cents soixante-sept marches ou échelons, je parvins au *nec plus ultra* .... Vous connoissez cette vieille comparaison de la vie humaine : les obstacles croissent à mesure qu'on les surmonte, et lorsque, après de longs efforts, l'homme arrive au terme de sa course, il se perd dans l'abîme immense de l'éternité; de même, à chaque marche que je franchissois, je me sentois animé d'un nouvel espoir, mon ardeur redoubloit à mesure que ma carrière devenoit plus difficile; les échelles disparoissoient sous mes pieds ; enfin, j'escalade la dernière poutre qui me conduit à la dernière lucarne ; je lance à travers un regard avide. . . . et mon œil se perd dans un océan de brume, qui me dérobe jusqu'à la vue de Londres même !

Je l'avouerai, je me sentis bien humilié d'avoir épuisé mes forces et donné mon argent pour ne voir qu'un brouillard. En vain j'espérois que le soleil, qui dardoit sur ma tête, dissiperoit enfin cette mer nébuleuse ; j'attendis près d'une heure, au bout de laquelle je pris le parti de descendre, avec plus de peine encore que je n'étois monté, et qui plus est, avec le chagrin d'avoir troqué mes belles espérances contre le dépit de m'être engagé dans une entreprise, dont un peu de prévoyance m'eût démontré la folie. Oh ! que de gens, monsieur, qui, pour n'avoir pas grimpé les tours de Saint-Paul, n'ont pas moins fait la même sottise que moi, et à qui il en a coûté plus cher !

Au moment où j'achevois de descendre, je trouvai un anglois, comme moi étranger à Londres, qui se préparoît à le monter. Monsieur, lui dis-je, où allez vous ? — Là haut. — Quoi faire ? — Voir. — Alors, je le pris par la main, je le conduisis à la porte, et je le fis regarder en l'air. *Diable*, dit-il, *vous avez raison.*

L'ANGLOIS.

Vous y avez donc été pris ?

MOI.

Oui, monsieur, comme vous alliez l'être. Mais, dites-moi, s'il vous plaît, Londres est-il dans tous les tems sujet à ce vilain brouillard ?

L'ANGLOIS.

Ce n'est point un brouillard, c'est une vapeur occasionnée par la fumée du charbon de terre, dont London consomme annuellement près de trente mille boisseaux. C'est à cette cause que quelques écrivains ont attribué le *spléen*, si commun parmi nous.

MOI.

Cela se peut; mais, permettez moi, monsieur, de vous faire une observation. Toute la Hollande, tous les Pays-bas, toute la Flandre, la Guelder, le pays de Liége, etc. n'ont point d'autre chauffage que le vôtre, et ne connoissent pas le *spléen*. Comment la même cause ne produiroit-elle pas le même effet, dans des climats qui ont à-peu-près la même latitude? Je pense donc, monsieur, que c'est moins dans votre nature physique, que dans votre existence morale, qu'il faut chercher la racine de cette manie.

L'ANGLOIS.

Maladie, monsieur, maladie.

MOI.

Manie ou maladie, peu importe; mais si des recherches exactes prouvent qu'elle vous étoit inconnue autrefois, je pense que c'est dans les révolutions que les vicissitudes du gouvernement ont opérées sur vos mœurs; dans l'esprit contemplatif, qui en est la suite; dans l'habitude de calculer les avantages et les inconvéniens de la vie, comme on calcule le pour et le contre d'une spéculation de commerce; je pense, dis-je, que c'est dans tout cela qu'il faut trouver la cause, nécessairement morale, d'un effet moral. Or....

L'ANGLOIS.

Êtes-vous françois, monsieur ?

MOI.

Que vous importe ?

L'ANGLOIS.

Vous avez raison. Quoi qu'il en soit, je vous remercie de la peine que vous m'avez épargnée.

Et là-dessus il me serra la main, et s'en fut trouver d'autres curieux qui arrivoient. Pour moi, je sortis de Saint-Paul, comme si le fouet du Seigneur m'en eût chassé, et je me fis conduire à la Bourse, qui me parut au-dessous des éloges que j'en avois entendu faire. De-là je me rendis à la Banque, où j'avois une lettre-de-change à faire payer. Jamais, monsieur, l'aveugle Plutus n'habita un plus beau palais. La magnificence et le goût semblent s'être disputé l'honneur de l'embellir. On m'expédia lestement, et, pour le coup, je sortis, aussi satisfait du temple que du dieu que l'on y adore.

Il me restoit à voir la fameuse église de Westminster. Pour y aller, je passai devant le palais de Witte-hall. Je ne pus me défendre d'un profond mouvement de tristesse, lorsqu'on me montra la fenêtre d'où l'infortuné Charles I passa à l'échaffaud, sur lequel il satisfit si cruellement et à l'ambition de Cromwel, et à la déplorable foiblesse de son caractère, et aux mânes de son ami Strafford (1).

(1) Thomas Wentworth. Il donna dans une seule occasion 20000 l. ster. au roi. Ce ministre vertueux lui écrivit de sa prison une lettre par laquelle il le prioit de sacrifier ses

Plein du sentiment de la plus profonde humilité pour tout ce qui tient au néant de la grandeur humaine, je laissai Saint-James et son parc à droite, et tirai, les yeux baissés, vers Westminster, impatient de pouvoir rêver, dans le silence des tombeaux, à toutes les fausses idées de puissance et de gloire

---

jours innocens à sa sûreté. Pour toute réponse à ce dévoument héroïque, Charles, intimidé par les factieux, donne un consentement tacite à sa mort, et fait signer le bill de sa condamnation par quatre commissaires. En apprenant cela, l'infortuné Strafford, auquel le roi avoit promis que le parlement *ne toucheroit pas à un poil de sa tête*, dit avec l'écriture : *Ne mettez pas votre confiance dans les..... ni dans les enfans des hommes, car il n'y a point de salut à espérer d'eux.* Charles sur l'échaffaud ne s'avoua coupable d'aucun autre crime que celui d'avoir abandonné Strafford à ses ennemis, et celui-là en valoit bien un autre.

gloire, dont la vanité se nourrit ici bas. Il me faudroit plus de tems que je n'en ai, pour vous décrire cet édifice, ainsi que la foule de monumens qu'il renferme. Les tombeaux sont un des goûts dominans des anglois, et j'avoue que ce seroit assez le mien. *J'aimerois*, dit Montaigne, *à imiter ceux qui entreprennent vivans et respirans jouir de l'ordre et honneur de leur sépulture, et qui se plaisent à voir en marbre leur morte contenance. Heureux qui sachent jouir et gratifier leurs sens par l'insensibilité, et vivre de leur mort* (1). Tel anglois mit quelquefois plus de soin à se bien loger après sa vie que de son vivant. Ailleurs, on se contente de montrer le défunt, ou étendu sur des coussins de marbre, ou à genoux, le chapelet

(1) Essais, t. 1, p. 36.

à la main, et l'épée au côté, comme si les morts avoient encore besoin de prier ou de se battre. Ici, l'on cherche à décorer les tombeaux de tous les ornemens, dont la sculpture peut embellir une action dramatique, en associant, à l'idée de la mort, le souvenir des passions qui nous y conduisent. Je vis avec intérêt celui de *Spencer*, le *Pétrarque* de l'Angleterre; célèbre, ainsi que *Pétrarque*, par des pastorales consacrées à chanter les rigueurs de sa belle *Rosalinda*, comme *Pétrarque* chantoit celles de l'insensible *Laure*. C'est ici sur-tout que l'infatigable fille du tems se plaît à confondre les distinctions de rang et de fortune, en réunissant sous les mêmes voûtes, dans un même et vaste tombeau, et les cendres de la courtisanne célèbre, et celles de l'homme obscur qui illustra sa patrie, avec la poussière des rois et des héros. Les mains de la liberté y ont déposé l'urne de *Dryden* à côté de celle du vainqueur de Blenheim, de ce célèbre *Marlborough*, qui, plus accoutumé à vaincre les ennemis de l'état dans les champs de la gloire, qu'à les combattre dans les antichambres, termina ses jours dans une espèce d'exil, et fut un de ces généraux rares qui savent gagner *des batailles*, *dont tout l'avantage* n'est point *pour ceux qui vendent du crêpe et du drap-noir* (1). On me montra, dans une chapelle, un cercueil de plomb, au fond duquel repose, depuis quelques siècles, le corps d'un ambassadeur étranger mort insolvable, et retenu-là en vertu d'un arrêt de prise-de-corps, obtenu par ses créanciers. Je ne saurois, monsieur, m'empêcher

---

(1) Bayle.

de blâmer l'indifférence de la famille du débiteur et du souverain dont il étoit le ministre. Qu'est devenu le respect religieux des anciens pour les morts ? Ils ne leur chantoient pas des antiennes latines en mauvaise musique; ils ne leur élevoient point, dans les temples, ces brillans sarcophages, au pied desquels l'orgueil des vivans s'environne de l'éclat des flambeaux, s'enivre, au son des chants funéraires, des parfums de l'encens, et croit triompher ainsi de la mort même ; mais ils honoroient leur mémoire, mais ils gardoient leur souvenir; et le vieillard, prêt à descendre dans la tombe, encore humide des libations qu'il offrit aux mânes de ses pères, mouroit avec moins de regret, en songeant que, chaque jour, sa postérité viendroit y répandre des larmes, et la couvrir de fleurs. Il falloit que les romains fussent déjà bien corrompus, lorsqu'ils adoptèrent l'usage impie de payer des farceurs pour danser devant les cercueils des morts, et faire rire une populace insensible, à leurs dépens. *La majesté du genre humain*, a dit un auteur moderne, *réside dans les tombeaux*.

En sortant de Westminster, je vis la maison où s'assemble le parlement. C'est-là qu'une éloquence libre et nerveuse déploie toutes les ressources du génie en faveur du bien public. « Là,
» ses écarts mêmes sont applaudis,
» parce que c'est le zèle qui parle, et
» le besoin qui écoute. Ce n'est plus
» une de ces assemblées de tyrans,
» à qui l'on ne peut montrer les
» objets qu'à travers le nuage de la
» flatterie. C'est l'élite d'un peuple
» libre, au milieu duquel la patrie
» reçoit, comme dans un temple, les

BIBLIOTHÈQUE ROYALE

» vœux et l'hommage de ses adora-
» teurs. C'est-là qu'on vient lui sa-
» crifier son cœur, à la face de toute
» la république. C'est-là que triom-
» phent ses héros, que s'expliquent
» ses oracles, et que, dans le silence
» des passions particulières, la pas-
» sion générale parle éloquemment à
» tous les citoyens ».

Le parlement est un édifice moderne, sans noblesse, et qui ne rappelle à l'esprit, ni le capitole, ni les temples où s'assembloit le sénat de Rome. *La majesté du peuple anglois* doit s'y trouver bien à l'étroit. Il me semble cependant que c'est pour de tels édifices, qu'il faudroit prodiguer le luxe de l'architecture, parce qu'il convient à un peuple libre et fier d'ajouter, à la pompe des délibérations nationales, tout ce qui peut en rehausser l'éclat.

LETTRE XI.

Londres, le 12 octobre.

MON départ se trouve retardé d'un jour, monsieur, il est remis à demain, ainsi je vais achever de vous rendre compte de ce que j'ai vu et observé ici.

La dernière course que je fis hier fut à un spectacle national, et je le nomme ainsi, parce que c'est-là que j'ai vu toutes les classes réunies et confondues. J'y trouvai un prince décoré, assis au milieu des matelots de la Tamise.... heureuse égalité, qui permet à l'ouvrier, dont la nuit a terminé les travaux, de venir partager, avec celui qui le paie, des plaisirs, d'autant mieux goûtés, que la vaine démarcation des places ne lui rappelle point cette supériorité de convention, que la différence des rangs ou des richesses met, par-tout ailleurs, entre les enfans du même père. Ici, l'honnête artisan, assis à côté d'un lord, se livre, tout à son aise, aux impressions qu'il reçoit, ne croit manquer de respect à personne, en témoignant son plaisir comme bon lui semble, et ne voit point un homme bleu, payé pour le défendre, lui tracer, avec le bout de son fusil, le cercle dans lequel il doit renfermer ses jouissances.

Le spectacle commença par des ombres chinoises, représentant des sujets analogues à la marine ou au commerce, tel qu'un navire en chargement, en construction, ou quelque chose du même genre, le tout accompagné de chansons fort gaies, et je vous jure que je m'amusai de cela, tout aussi bien que si chaque coup de marteau donné à la carcasse du vaisseau, eût été un bon coup de poignard adressé à quelque tyran de la Grèce ou d'ailleurs.

Quelle terre heureuse, monsieur, que celle où régneroit, je ne dis pas la confusion, mais cette douce égalité, au-dessus de laquelle le seul mérite auroit le droit de s'élever quelquefois, non pour dominer, mais pour devenir, par une plus grande évidence, un modèle propre à enflammer le zèle du citoyen, qui se sentiroit le courage d'atteindre à la vertu ! S'il étoit permis aux hommes d'espérer cette espèce de perfection sociale, les anglois me paroîtroient les moins éloignés du but. Je sais le reproche général que l'on fait aux anglois ; je sais qu'on les accuse d'être passionnés et turbulens. Mais cette activité inquiette, qui a sa source dans le sentiment de ses propres forces, dans celui de la dignité de l'homme (1), ne vaut-elle pas mieux que la sombre apathie qui laisse ramper les nations orientales dans la fange de l'esclavage; qui asservit jusqu'à la pensée même; qui étouffe le germe de toute grandeur, et dont le morne et profond silence annonce un peuple d'esclaves avilis, qui, à genoux, et le front dans la poussière, attend les arrêts sanguinaires du despotisme, et de la force aveugle qu'il dirige; car *c'est* malheureusement *le propre de la multitude, ou de servir lâchement, ou de dominer fiérement. Pour cette liberté, qui tient le milieu entre l'anarchie et l'esclavage, on ne sait ni*

---

(1) Il est positivement dit que Dieu fit l'homme à son image, et, tous les jours, nous la trainons dans la boue: belle manière d'honorer la divinité dans son image!

s'en passer, *ni la garder* (1). Ici, jamais un grand n'aura l'impudence de vendre à l'avarice de sa créature l'inté-

---

(1) Tite-Live, décade 3, liv. 1. On trouve par fois dans l'histoire des plus déterminés tyrans, des traits, révoltans par leur atrocité, mais qui prouvent que les monstres, chargés de leur confiance, n'en abusent pas toujours impunément. Sous la minorité d'Achmet I, une esclave juive étoit parvenue à un tel degré de faveur, qu'elle vendoit toutes les charges de l'empire. Les janissaires révoltés forcent le sultan à la leur livrer. Après lui avoir fait subir les plus affreuses tortures, ils partagèrent son corps en plusieurs morceaux, qu'ils suspendirent à la porte des ministres dont l'élevation étoit l'ouvrage de cette malheureuse; sa tête à celle du grand-visir, avec ces mots: *Voilà la tête qui t'a donné des conseils*; sa main à celle du mufti, avec ces mots: *Voilà la main qui t'a vendu ta charge;* et sa langue à celle du grand juge, avec ceux-ci: *Voilà la langue qui a dicté tes injustes arrêts.*

rêt de celui qui cherche à l'aborder. Les anglois pensent qu'il est de la grandeur et de la dignité de l'homme puissant, de ne fermer aucune des avenues qui peuvent conduire jusqu'à lui. Hélas, disent-ils, il y a déjà si loin du pauvre au riche, du protégé au protecteur, du foible au fort ! ils disent que c'est la marque certaine d'un esprit médiocre, que de croire ajouter à son importance en se rendant invisible ; ils prétendent que le grand

---

On respire, quand l'on voit de tels exemples attester que les loix immuables de l'éternelle justice, atteignent tôt ou tard le crime, et se trouvent profondément gravées, dans les cœurs même où le despotisme semble avoir étouffé toute énergie. Un écrivain célèbre a dit une grande vérité, c'est que *le despote est un pâtre ignorant et sauvage, qui mutile et garde des troupeaux pour la voracité des loups.*

jour est fait pour les grandes places, pour les grands hommes qui les occupent, et que tel visir indolent, qui, seul dans le fond de son cabinet, se pâme d'aise et d'orgueil, en voyant la foule assiéger en vain sa porte, est, à coup sûr, un imbécille, qui fait consister toute l'importance de la place qu'il usurpe, dans le pouvoir de se rendre inaccessible au mérite. De-là vient que les grands de ce pays-ci, avec moins de pouvoir pour faire le mal, jouissent d'une considération, d'autant plus flatteuse, qu'elle est plus méritée, et qu'indépendante du rang et de la fortune, elle ne s'accorde qu'à l'usage estimable auquel ils sont dans le cas d'employer l'une et l'autre; d'où il résulte que l'on ne peut pas tout-à-fait dire d'eux, ce que Tacite disoit des dieux de Rome : *Si les dieux songent à nous, c'est moins pour nous conserver, que pour nous punir.* Ce n'est pas que la naissance n'ait, en Angleterre, ses droits, ses honneurs, ses prérogatives, et qu'il ne soit juste que, tant qu'elle ne voudra pas en abuser, elle en jouisse dans toute leur étendue. Mais, en général, le caractère qui distingue les grands des trois royaumes, est d'être plus citoyens que courtisans, parce qu'ils savent qu'en se dépouillant de la dignité d'hommes libres, ils aviliroient le monarque qu'ils honorent, qui ne peut être grand qu'autant qu'il commande à des hommes, et qu'ils n'ont point encore accoutumé à poser comme une maxime fondamentale de l'état, cette maxime absurde, dont j'ai souvent rougi pour notre grand Corneille :

Quoi qu'on fasse d'illustre et de considérable,
Jamais à ses sujets un roi n'est redevable (1).

« Je les ai vus, ces grands respectables, chéris, adorés de leurs vassaux, et dont le cœur ne connoît d'autre besoin que celui de répandre des bienfaits. Il suffit d'être malheureux, pour en être connu, et le luxe qui les accompagne, n'exclud ni la bonté, ni la franchise, ni les vertus aimables de l'hospitalité. Je les ai vus traverser leurs terres comme un fleuve qui répand l'abondance; j'ai vu, à leur passage, le laboureur suspendre ses travaux, ses enfans courir au-devant d'eux, et,

(1) Cependant, tout fier qu'étoit Louis XIV, il ne pensoit pas de même lorsqu'il disoit au maréchal de Villars : *Vous m'avez rendu de grands services ; comptez sur ma reconnoissance.* Vie de Villars, t. 1, p. 124.

» la joie peinte sur le visage, la vue » attachée sur leurs maîtres, les suivre » des yeux, les bénir, et se remettre » au travail ».

Sans doute qu'il doit être accordé à l'ancienne et valeureuse noblesse, qui prodigue son rang pour l'état, des distinctions qui la séparent de la foule. J'aime à voir un grand porter noblement le fardeau glorieux d'un beau nom. Le respect qu'il inspire, est un sentiment de justice, qui le force à se respecter lui-même ; et s'il fut permis aux successeurs du grand César de perpétuer, sur leur front, l'immortel laurier dont il ceignit sa tête, permettons, aux descendans des grands Montmorency, le sentiment d'une noble fierté, fondée sur douze siècles de vertus patriotiques, de grandeur et de victoires. Mais ne faisons pas d'une exception honorable, une loi générale; car,

car, dans ce cas, j'aimerois encore mieux voir adopter en Europe l'usage des habitans de la Louisiane, où, en raison de son mérite personnel, un homme monte jusqu'à la dignité de *soleil*, d'où sa postérité, sans mérite, redescend jusqu'à celle de *puant*. C'est-à-dire, que le fils d'un *soleil* n'est que *noble*, le fils du *noble* que *considéré*, et le fils du *considéré* que *puant*; usage absolument contraire à ce qui se pratique parmi nous, où les *puants* deviennent *soleils*, et *soleils* très-ardens, sans passer par la *considération*. Charlemagne, qui avoit un esprit au-dessus de son siècle, disoit que les terres pouvoient se transmettre par héritage, mais que les honneurs n'appartenoient de droit qu'au mérite.

Vous voyez, monsieur, où m'ont conduit les ombres chinoises. Je sens bien que cette longue digression est impardonnable. Cependant, quelque volumineuse que soit ma lettre, je ne la fermerai pas, sans vous dire encore un mot sur Londres.

Vous avez souvent entendu accuser la populace d'insolence envers les étrangers. Je ne doute pas qu'un fat bien frisé, portant le nez au vent, et rasant de la pointe du pied les trottoirs du Strand, n'ait pu s'attirer quelques coups de poing. Les anglois ont une aversion invincible pour ces sortes de figures, et ne conçoivent pas qu'un homme ait la folie de courir les rues travesti en poupée. Quant à moi, je me suis promené par-tout, le jour, la nuit, à pied et en uniforme, sans recevoir la moindre insulte. Par-tout j'ai trouvé la politesse, non pas verbeuse et grimacière, mais honnête et franche. Il est vrai que, dans une boutique, lorsque je demandois le prix de quelque chose, et qu'après me l'avoir dit, je m'avisois de marchander, on me laissoit-là, sans daigner me répondre, et encore moins s'étendre en protestations de bonne-foi et de toute conscience.

Quant à la police, elle se fait avec exactitude, par le guet, qui parcourt les rues armé de bâtons; ce qui n'empêche pas qu'ici, comme ailleurs, on ne trouve la nuit, le long des rues, de ces beautés faciles, de ces tristes filles de joie, qui vendent, à un prix aussi vil que leurs faveurs, des repentirs toujours amers, avec cette différence qu'elles tolèrent, et ne provoquent point les libertés que l'on pourroit prendre avec elles. A les voir se promener en silence, on diroit qu'un rayon de la fierté nationale, a pénétré jusques dans les asyles de la corruption. Permettez moi, monsieur, de terminer ces détails sur une des premières villes du monde, par un tableau fait de main de maître.

« Londres est le plus beau port de » l'Angleterre. Londres construit des » vaisseaux et fabrique des marchandi- » ses ; Londres fournit des matelots » à la navigation, et des bras au » commerce ; Londres est dans une » province tempérée, féconde, et cen- » trale. Tout peut y arriver, tout peut » en sortir. Elle est vraiment le cœur » du corps politique par sa situation » locale. Ce n'est pas une tête mons- » trueuse.... Ce n'est pas une tête » d'argile, qui veuille dormir sur un » colosse d'or. Cette cité n'est pas » remplie de superbes oisifs qui ne font » qu'embarrasser et surcharger un peu- » ple laborieux. C'est le rendez-vous » de tous les marchands, c'est le siége » de la nation assemblée.... C'est » la mer, c'est l'Angleterre, c'est le

» monde entier qui veulent que Lon-
» dres soit riche et peuplé ».

Adieu, monsieur. Je pars demain pour Douvres, et si je trouve les vents favorables, vous ne tarderez pas à recevoir de mes nouvelles de Calais ou de Boulogne.

LETTRE XII.

Boulogne, le 16 octobre.

QUOIQUE je n'aie pas quitté l'Angleterre sans regret, vous comprenez, monsieur, avec combien de plaisir je me suis revu sur le continent. On dit que le sage doit savoir vivre par-tout. D'accord : mais, ce charme attaché au climat qui nous a vu naître, aux lieux où notre ame s'est ouverte, aux premiers sentimens du plaisir, et même de la douleur, mais cet attrait invincible qui nous porte, avec un mouvement si doux, vers les objets qui ont frappé nos premiers regards... Non, ce n'est point dans notre imagination que tout cela prend sa source. Il est des lieux plus beaux, il est un ciel plus pur que celui sous lequel j'ai pris naissance, mais il n'en est point qui me soient plus chers.

Nous partîmes de Londres le 13, par la diligence, qui, en Angleterre, n'est encore point, comme ailleurs, un lourd tombereau, que dix chevaux ont bien de la peine à secouer à travers les ornières de nos grands chemins (1); mais de belles et bonnes

---

(1) Je suis vraiment peiné d'être forcé, par l'évidence, à des comparaisons, qui sont toutes à l'avantage de l'Angleterre. Quoiqu'elles ne portent, en général, que sur des objets de pure police, je sens, cependant, que, pouvant déplaire à l'espèce de gens qui ont le bon esprit de trouver tout bien

voitures bien suspendues, douces, commodes, roulant avec facilité sur des chemins, peu larges, mais solides.

Après avoir dîné à Cantorbery, placé dans une position délicieuse, nous arrivâmes à Douvres, et partîmes le lendemain par le paquet-both, pour Calais, où un vent favorable nous porta en trois heures. Je venois de quitter le pays le plus verd, le plus riant, et je me trouvai tout-à-coup englouti dans des dûnes, sur un sol aride et poudreux; mais, j'étois en France, et mon cœur eut bien vîte accoutumé mes yeux à ce nouveau spectacle. Rien ne devant me retenir à Calais, je vins hier coucher ici, où je compte me reposer quelques jours.

---

chez eux, on ne manquera pas de m'accuser d'une prévention injuste. A cela, je n'ai qu'un mot à répondre : voyagez.

Boulogne est, peut-être, une des plus anciennes villes, et, sans contredit, un des plus anciens ports du royaume. Les romains, qui la nommoient *Gessoriacum*, en avoient fait leur place-d'armes, et c'est sur son rivage que s'embarquèrent César, Claude, Maximin, Théodose, et la plupart des généraux qui travaillèrent à la conquête de l'Angleterre. Louis XI, que Mezeray appelle *un esprit merveilleusement adroit, insinuant, et enlaçant* (1), prit Boulogne à Bernard de la Tour-d'Auvergne, pour en faire présent à la Sainte-Vierge, *sa bonne dame*, dont lui, et ses successeurs se sont reconnus vassaux. La ville est dans une situation agréable, ce qui

---

(1) Histoire de France, t. 3, pages 528 et 557. Louis XI donna en échange du comté de Boulogne, le comté de Lauraguais.

y attire beaucoup d'anglois, qui, à raison du bon marché de la vie animale, viennent y vivre d'économie, et s'en retournent après avoir rétabli leurs affaires.

Dès que j'aurai pris le repos qui m'est nécessaire, je compte me rendre dans les environs de Paris, où je me préparerai à de nouvelles courses, car j'avoue que toutes les contradictions que j'ai éprouvées, ne m'ont point encore dégoûté de la mer.

Je ne me souviens plus des leçons de Neptune.

Si vous n'êtes point dégoûté de mes lettres, je veux, monsieur, par mon exactitude à vous écrire, vous rendre un véritable service, celui de vous faire mieux sentir tous les charmes du repos dont vous jouissez. J'ai toujours pensé, que, pour bien remplir les devoirs de la société, il falloit concourir en tout, et de toutes ses forces, au bonheur de ses semblables. Malheureusement cette morale, que chacun prêche, et que personne ne suit, cette morale si simple, et que leur propre intérêt même devroit prescrire à tous les hommes, cette morale n'est point celle de la plupart des gens, dont l'influence sur l'harmonie et le bonheur social est la plus directe, la plus puissante, et cela, daus un siècle où les moindres vertus ne sont tolérées, qu'en raison de l'intérêt personnel qui en fait une affaire de calcul; dans un siècle où le vice actif, et sous le masque d'une gaîté cruelle, ne voit pas plutôt germer l'apparence d'une vertu, que, pour l'étouffer plus sûrement, il se hâte de le couvrir du voile d'un ridicule perfide; dans un siècle, enfin, où cette bouillante ardeur de l'ame, cette effervescence du sentiment, qui fit autrefois tant de sages et de héros, est regardée comme une exagération romanesque, ou l'effet déplorable de la fermentation d'une tête en délire.

LETTRE XIII.

Montmorency, le 30 octobre.

QUOIQU'A la veille de mon départ, je vais, monsieur, satisfaire, autant qu'il me sera possible, au desir que vous me témoignez.

La position du château et de la ville de Montmorency est une des plus agréables que je connoisse. J'ai vu le long du Rhin, en Suisse, dans les Alpes et ailleurs, des sites et des points de vue d'une beauté supérieure à celle que l'on admire ici, par les grands effets et la variété des contrastes. Mais, je n'avois point encore vu de paysage qui se présentât avec ce ton de richesse et d'opulence que lui donne une foule de superbes châteaux, de jardins, de parcs, de villages répandus sur le penchant des collines et dans la plaine. Avec plus de simplicité et d'autres habitans, ce seroit la vallée de Tempé. Il est vrai que le manque d'une rivière prive ce tableau d'un des plus beaux ornemens de la nature. Cependant, ce défaut est, en partie, suppléé par un étang qui, apperçu à travers quelques lacunes de verdure, prête au coup-d'œil l'illusion d'une rivière qui paroît fuir et serpenter parmi des prés, des champs et des bois.

A une demi-lieue derrière le château, est un vallon charmant, formé par un côteau boisé. Sur sa pente, à la naissance du bois, est située une maison simple et solitaire, que l'on nomme l'hermitage. C'est-là que demeura long-tems le célèbre et trop infortuné *Jean-Jacques*. En quittant le chemin qui conduit le long du parc à la ville, on trouve un sentier qui traverse le vallon, où serpentent, sous des berceaux de saules et d'arbres fruitiers, plusieurs ruisseaux que bordent des prés, des jardins, des bosquets. Autant l'aspect de la vallée de Montmorency frappe l'imagination de cette foule d'idées tumultueuses et rapides, que fait naître le spectacle de la magnificence et du luxe; autant la douce et paisible solitude de ce lieu porte au recueillement, à la méditation, à la rêverie.

La maison n'a rien d'extraordinaire. Elle est ce que doit être la retraite d'un sage, petite et simple comme la maison d'*Aristippe*. Toute sa beauté est dans sa position, qui, quoique sauvage et désert, jouit d'une belle échappée de vue sur Saint-Denis :

..... Ce temple antique et révéré,
Par la douleur à la mort consacré;
Où de nos rois la tombe héréditaire,
Voit, sous sa voûte obscure et solitaire,
S'évanouir et leurs brillans honneurs,
Et leur puissance, et la voix des flatteurs.

Le propriétaire de l'hermitage l'avoit prêté à Rousseau. Son buste, assez ressemblant, est placé dans une niche de plâtre à l'extrémité du jardin. Cette niche est fermée d'une glace, au-dessous de laquelle on lit l'inscription suivante :

O toi, dont les brûlans écrits
Furent créés dans ce humble hermitage;
Rousseau, plus éloquent que sage,
Pourquoi quittas-tu mon pays ?
Toi-même avois choisi ma retraite paisible.
Je t'offris le bonheur, et tu l'as dédaigné.
Tu fus ingrat, mon cœur en a saigné.
Mais pourquoi retracer à mon ame sensible...
Je te lis, je te vois, et tout est pardonné.

Selon moi, le moindre défaut de ces vers est d'être mauvais ; je leur en trouve un plus important, celui d'attester l'esprit égoïste et cruel qui nous domine ; car il valoit, sans doute, mieux ne rien dire, que de profaner un monument, que l'on semble ériger à l'amitié, par des reproches d'ingratitude et de folie. Du reste, rien de plus beau, pour qui aime une solitude parfaite, que les derrières de l'hermitage. C'est un côteau sinueux, planté de maronniers, de chênes, de hêtres, etc. mêlange qui ne peut que produire une variété agréable. Par-tout on foule un gason épais, dont la verdure et la fraîcheur invitent au repos, tandis que les sentiers tortueux qui parcourent cette espèce de forêt, offrent une promenade délicieuse à qui sait se promener avec un autre but que celui de marcher.

Le château de Montmorency, d'une architecture noble, est le fruit de l'industrie d'un monsieur *Croisat*, que ses immenses richesses avoient fait surnommer *le pauvre*. La ville, bâtie sur la colline, est tellement déserte, que, sans les vestiges de quelques vieilles portes, on la prendroit pour un village. L'église principale offre, par l'avantage de sa position, une masse assez imposante. L'intérieur n'a cependant de remarquable que deux tombeaux, dont l'un est celui du connétable Anne, et de sa femme. Vous savez que la terre de Montmorency, aujourd'hui dans la maison de Condé, est non-seulement la première baronie de France, mais encore le premier fief qui ait acquis ce titre, et dont plus de six cens fiefs nobles relevoient autrefois. Les anglois, qui vinrent s'asseoir un moment sur le trône françois, d'où d'où une fille de cabaret les chassa, brûlèrent et détruisirent la ville, en 1258; et depuis lors elle ne s'est plus relevée.

Adieu, monsieur. Il me tarde beaucoup d'avoir à vous entretenir de choses plus importantes; et puisque la certitude de la paix me donne aujourd'hui l'espoir de pousser mon voyage jusqu'à son terme, j'espère que nous nous tirerons du cercle étroit dans lequel nous avons tourné jusqu'ici.

Fin de la première Partie.

130

TABLE

De la première Partie.

LETTRE I. DÉPART. *Vue des côtes d'Espagne. Dureté des marins. Réflexion sur les voyages*, page 1

LETTRE II. *Mauvais tems, et danger. Rencontre*, 7

LETTRE III. *Nouvelle rencontre. Préparatifs de défense. Prise*, 15

LETTRE IV. *Autre rencontre. Manière de vivre des anglois sur leurs vaisseaux. Philosophie des marins. Chasse. Nouvelle rencontre. Manière de servir des anglois. Du préjugé national. Constance d'un corsaire*, 21

LETTRE V. *Arrivée à Portsmouth. Dialogue*, 35

LETTRE VI. *Idée générale de l'Angleterre. Comparaison. Des fem-*

mes et de leur éducation. De la constitution politique, 46

LETTRE VII. *Des jardins et du paysage anglois. Des mœurs et du caractère national*, 54

LETTRE VIII. *Windsor. Tableau. Anecdote sur Charles I. Des voleurs. Spectacle. La Reine*, 64

LETTRE IX. *La Tamise et ses ponts. La tour. Le monument. Réflexions*, 79

LETTRE X. *Saint-Paul. Dialogue. Witt-Hall. Westminster. Le parlement*, 88

LETTRE XI. *Spectacle national. Des Grands. De la populace. De la police*, 103

LETTRE XII. *Départ de Londres. Arrivée à Calais. Boulogne*, 117

LETTRE XIII. *Montmorency. Rousseau. Son hermitage. Inscription*, 123

www.ingramcontent.com/pod-product-compliance
Ingram Content Group UK Ltd.
Pitfield, Milton Keynes, MK11 3LW, UK
UKHW020608180726
13838UKWH00001B/489

9 782329 359830